黄色いやつ

真柄慎一短編集

開げでみろ

僕の故郷、山形には大勢の親族がいた。その中でも妙に気があったというか馬があったというか、特に仲よくしてもらった叔父がいる。親父の一番下の弟で、マサシ君という。

僕も子供の頃から親族と同じように「マサシ君。」と呼んでいた。叔父さんを君で呼ぶとは生意気だが、それだけ親しんでいたし、歳が二十以上離れた子供でも、〝君〟づけで呼べる雰囲気を叔父は持っていた。

僕は子供ながらに、まわりの大人と叔父は少々、違うなと思っていた。

僕から見たその当時の〝普通〟の山形親父とはこんな風だった。頭髪は丸坊主や角刈り、またはパンチパーマというのが多かった。それに決まって白のランニングを着て腹巻をしていた。腹巻から〈エコー〉や〈わかば〉といったタバコを出してトントンたたいては煙を燻らせていた。くわえタバコをしながら乗っていた車は軽トラック。乗用になるとブルーバードやサニー、お金持ちはセドリックやクラウンに乗っていた。これが僕の知る山形親父だが、叔父はだいぶ趣味が違っていた。

いま風な言葉でいうと〝ファンキー〟な叔父とでもいうのだろうか。真柄家でも、いやその当時の山形でもなかなか風変わりな叔父だった。

まず長髪だった。それにジーンズをはいてエレキギターを弾いていた。車はスカイブルーの色をした外国産のスポーツカーに乗っていて、甘い香りのするタバコを吸っていた。

僕がはじめて目にするフェンダー製のギターもスポーツカーも美しい曲線をしていた。そしてどちらも大きな音を出していた。

家の前で低いマフラー音が「ドッドッドッドッ。」と聞こえると僕はうれしくなった。叔父が来た合図だったからだ。

僕が釣りに夢中になった十歳くらいだろうか。

「ほらっ。慎一、これけってやる（これくれてやる）。」

叔父はそういうと本のようなものを差し出してきた。A5判の分厚い本に見えた。真っ黒のハードカバーには英文字がすらすらっと書かれていた。

なんで僕にこんな分厚い英語の本を渡すのかよくわからなかったが、風変わりな叔父がまた変わったものを持ってきたなと思った。「ほらっ。」と手渡され重そうだと思った僕は、両手で受け取った。びっくりした。異常に軽かった。

「マサシ君。なんらぁ、これ。」

「いいがら。開げでみろ。」

手にした時、カラッカラッと音がしたので小さなものが入っているのはわかった。

パカッ。

本当にみごとな「パカッ」という音がした。

「おぉおぉ。素晴らしいっ。」

今の僕ならそんな言葉が出たと思うが、山形の片田舎の少年は絶句した。ただの本だと思っていたものが、じつはフライケースだった。中側はプラスチック製で両面開き。片側ずつ四×六の二十四コマにコンパートメントされていて、一コマにひとつずつフライが入っている。フライを見るのもはじめてで、その美しさにも驚いた。

「ハヤ釣りの五連毛鉤《けばり》とはぜんぜん違うっちゃ。」

「んだ。それがあっちの国の毛鉤ら。」

短冊の形をした段ボールに糸ごとグルグル巻かれた毛鉤ではなく〝一コマにひとつずつ〟入れられたフライは特別なものに見えた。僕はすぐにフライを使ってみたくなった。

「マサシ君、今がら釣りさ連れでってけろっ。」

「慎一、フライ用の竿ど糸がいるんだぞ。お前、持ってねえべや。」

「エサ釣り用の竿しか持ってねえ。」

「んじゃ、無理だ。前さ飛ばなぇどぉ。」

「いいべゃ。いいべゃ。」

「だめだぁ。小遣い少しずつ貯めて、竿買ってがらだぁ。」

「いいべゃ。なんとがすっから。」

僕はしつこく食い下がった。最後は叔父に音を上げてもらった。

「わがった。連れでってやる。たぶん釣れねぇげど。どごさ行ぐっ。」

僕はすぐに行きたい川を言った。

「最上白川。車で連れでってくれるなら白川がいい。」

「お前、なんで白川がいいんだ。」

「近所の川ならいつでも自転車で行けるけど白川は遠いんだ。一時間以上も自転車こがないとダメらがら。」

「んだがぁ。車だど十五分くらいらもんな。よしっ道具持って車さ乗れっ。」

僕は右手に振り出しの竿を持ち、左手にその本のような形をしたフライケースを抱えて助手席に乗った。スポーツカーはドアの閉まる音も違っていた。


最上白川に向かう車内で叔父が言った。

「お前の親父がら聞いだんら。慎一、釣りに夢中らってよ。」

僕の親父は釣りをしなかった。

今になって思えば、釣りをしたくても仕事が忙しくてできなかったのかもしれない。釣り道具のことは全く分からない親父が、釣りをやっていた叔父に言ったのだろうか。なにか釣り道具で余っているものがあればあげてくれと。

「今日は車だがらいいが、釣り場にそのケースは持っていぐなよ。大きすぎるがらな。小さなケースに二、三個移して持っていげ。」

「うん。わがってらよ。」

それからの僕はいつもその本のようなフライケースを小脇に抱え、真っ暗になるまで川で遊んだ。

小さなケースに入れていけと言った叔父に、いつか見つかるんじゃないかとビクビクしていたが、必ずそのままのケースを持ち出した。それを持っていると一人前の釣り人にちょっとでも近づけた気がしていたからだ。

小遣いはなかなか貯まらず、竿は買えないまま。そして釣れないまま。

それでも毎日のように川へ向かった。

たらし釣り

おぼろげな記憶を辿ると僕が初めて釣りをしたのは、小学校の中学年くらいだったと思う。十歳になるかどうかといったところだろうか。故郷、山形の野山を駆けまわり、虫捕りや魚捕りに夢中になっていた頃だ。

学校が終わり下校時間になると、決まって何人かの友達で集まり、今日は何をして遊ぶか作戦を練った。虫捕りにしようか、魚捕りにしようか、今日は人数が多いからサッカーにしようか、いや野球にしようか。授業中にはない活発な意見が飛び交う。

みんな、それぞれにやりたいことがあるようだが、これでは遊ぶ時間が減ってしまいもったいない。大体、最後には多数決かリーダー格の子の一言で、その日の遊びが決まった。そして一度、決まったことには反対の意見も出ず、みんな一緒に遊ぶものだった。

「ひとっこ多いがらサッカーすっぺ。」

リーダー格のSが言った。僕は虫捕りも魚捕りも好きだがサッカーも大好きだった。

誰がボールを持ってくるかを押しつけ合い、じゃれ合っていた時、Sが大人しくてあまり目立たないTに、

「T、ボール持ってきてぇ。」

と言った。するとTはじっと黙りこんだ。またSが言う。

「なぁT、ボール持ってこいよ。」

Tの顔は見る見るうちに真っ赤になった。そしていきなり大声で言った。

「やんだっ、おれサッカーすねもん。」

みんながびっくりした。あの大人しいTが大声を出して反発した。じゃれ合いのなか、からかうつもりで言ったSもびっくりしたみたいだったが、リーダーのプライドを傷つけられたのだろう、Sも大声で言った。

「もうTどは遊ばねっ。みんなも遊ぶなよ。」

Tは泣きそうな顔をして走って帰っていった。

「Tはほっとげ。ランドセル置いできたら集合らぁ。」

とSは叫んだ。そして「ボールは慎一が持ってきてや。」と言った。

Sは怒っている。断れない。


Tと僕は帰り道が一緒だった。

先に走って帰って行ったTの後ろ姿が見えた。肩を上下に動かしヒック、ヒック、言ってるのが遠目にも分かる。ただでさえ運動オンチで足も遅いTが、泣きながらトボトボ歩いているのですぐに追いついてしまった。

Sに「Tはほっとげ。」と言われた手前、僕は周囲を気にして遠くから声をかけた。

「T、みんなどサッカーすっぺぇ。」

Tは下を向いたまま顔を左右に振った。

「サッカーやんだのがぁ。」

また顔を左右に振った。

「んじゃ～すっぺぇ。」

僕は何度もやろうよ。やろうよ。と言った。そのすっぺ、すっぺ、口撃に呆れたのかTはやっと口を開いた。

「ボール持ってくんなんも、サッカーすんなんも、やんだぐね。」

「んじゃ～Sがやんだんが。」

「んね。釣りさ行ぎったいの。」

僕はそのとき、同年代の友達の口から「釣り」という言葉を初めて聞いた。そしてあのTが釣りをしたいと言ったのにも驚いた。

同年代の友達で魚捕りと言ったら、網で掬うか、潜ってヤス（モリ）で突くのが普通だった。釣りとは大人がするものだとばかり思っていた。そもそも釣り竿を持っている子供など周りにいなかった。

僕は妙にそわそわしてどきどきした。そしてTに釣りの話を聞き出した。

まずは竿が無いじゃないかと聞いたら、Tは竿は要らないと言った。

竿が無ければ釣りができないだろうと言ったら、直接、手に糸を持つんだと言った。

ハリと糸はどうするんだと聞いたら、父親の釣り具箱から見つからないように盗んだと言った。

そして餌に使う魚肉ソーセージも、家の冷蔵庫から盗んだと言った。

僕は子供ながらにTのくせに大胆だなと思った。

最後の質問に魚は何を釣るんだと聞いたら「にがざっこ。」（アブラハヤ）と言い、じつは数日前からちょくちょく行っては何尾も釣れたと言った。

僕はサッカーの予定を放り出したくなった。僕がボールを持って行かないとみんながサッカーをできないのだが、Tの釣りを見てみたい衝動を抑えきれなかった。

Tに釣り場所を聞いた。友達の間で通称テトラと言う、テトラポッドが並んだポイントだった。

家に帰りランドセルを放り投げると、すぐに自転車をこぎ出した。ボールは持たず、テトラを目指して一直線に進んだ。

ポイントに着くとすでにTがいた。何をするのにもトロいTだが、この時ばかりは早かった。

今になって思えば、釣りの上手な方は現場到着も準備も人一倍、早いのだ。

テトラポッドが二十基くらい並んでいて、そのうちのひとつにTが座っていた。

魚肉ソーセージをほおばりながら、手にはナイロンの糸を持っている。魚肉ソーセージは最後のひとかけらとなっていた。僕はTに貴重な餌が無くなったらどうするんだと言った。

Tはじっと水面を見つめながら、

「大丈夫ら。少しの餌でなんぼも釣れるがら。」

と言った。僕も隣のテトラポッドに座り、じっと水面を見つめた。テトラとテトラの重なり合った小さな穴に時折、魚が見えた。餌につけてある魚肉ソーセージはとても小さいが、ピンク色なのでよく見える。そのピンク色がフッと消えた。するとTの右手がクイッとあがった。七センチくらいの〝にがざっこ〟だった。

僕は興奮して「すんげぇ〜。」と叫んだがTは少し照れ笑いをしたくらいだった。

そして、

「じつはもう三尾目ら。」

と言った。

薄暗くなるまでのたったの二時間。ほんのひとかけらの魚肉ソーセージで二十尾くらいをTは釣り上げた。僕はTの釣りを見て、身体が雷にでも打たれたみたいに震えた。

次の日の下校時間、僕は友達の集まりを横目に一目散に家へ帰った。

親がいないことを確認して貯金箱を壊した。

八百円くらいしかなかった。これで釣りバリは買えるのだろうか。また糸は買えるのだろうか。わからないがしょうがない。あるだけ持って行くしかない。そしてもう一度、親がいないのを確認し冷蔵庫を開けた。魚肉ソーセージを手にしポケットに入れた。

本当の泥棒のように静かに俊敏に家をあとにした。

釣り具屋さんのドアを開けるとレジカウンターに全財産をジャラジャラと置いた。そして、

「これで小さいハリと糸を下さい。」

と言った。店主のおじさんはびっくりしたような顔をしていたが僕の真剣な眼差しを見て、親切に対応してくれた。

「一番、小さい山女魚《ヤマメ》バリはこれな。それど安い糸は太いのしかないぞ。細いナイロン糸は高いがらな。」

山女魚バリは一セットで六本くらい入っていてハリスが付いていた。ハリスが細かったら手に持つ糸は太くても大丈夫だと思ったので、安い糸でいいと僕は言った。予算の八百円を超えていたがおじさんは会計を「ちょうど八百円。」と言ってくれた。

「いいヤマメ釣ってこいよ。餌は川虫を取れな。」

と言われたが、餌はポケットの中にあるし、狙いの魚は〝にがざっこ〟だとは言わなかった。

僕は「うん。」とだけ言って店を出た。

やはり今日もテトラにはTがいた。僕はそばに行って紙袋からハリと糸を出した。

「じゃ〜ん、買ったぞぉ。」

Tは驚いていた。そして新しい釣りバリを見て目を輝かせた。

僕にはある作戦があった。釣り以外にはなんにでもトロいTを師と仰ぐのは、腑に落ちなかった。そこで僕はTが父親からくすねたという、ただ一本だけの釣りバリに目をつけた。

「このハリ、一本あげでもいいぞ。そのかわりに糸の結び方と餌の付け方、釣り方まで教えたらな。」

と僕は言った。

Tがテトラにハリを引っかけたりして糸が切れたら、もう釣りバリは無いのだ。また父親から見つからないようにくすねる恐怖に比べたら、僕に釣りを教えて釣りバリをもらったほうがいいに決まっている。Tは快く釣りバリを受け取った。

Tの熱心な指導のおかげで、僕に初めての一尾が掛かった。小さい魚だが水中をすごい速さで動きまわりグイグイ引っ張る。糸を通して手に伝わる、その躍動感にドギマギした。

僕は一瞬にして釣りの虜になった。

明くる日も明くる日もTと釣りをした。

もういく日も他の友達と遊んでないなと思っていた頃だった。

突然、Sを先頭に友達集団が現れた。今日は魚捕りして遊ぼうとテトラに来たみたいだった。

「慎一とTが一緒にいるぞ〜。」

と誰かが言った。

仲間外れにされたTと一緒にいるということは、僕も仲間外れにされてしまう。しかし、今の僕にはそんなの関係なかった。それだけ釣りに夢中だった。

「慎一〜、お前、こないだサッカーボール持ってこながったがら、みんなサッカーできながったんぞ〜。」

とまた誰かが言った。僕とTは無視して釣りを続けた。するとSがテトラに降りてきて、

「お前ら何しったん?」

と聞いてきた。僕は、

「釣りら。」

と答えた。Sは驚いた様子で、

「魚捕りすんなら網で掬うがヤスで突いたほうが早いべ〜。」

と言った。

僕は「釣りもおもしぇよ。」と言ってSに糸を渡した。そしてTに「Sさも釣り教えてやって。」と言った。

すぐにSに一尾目がかかった。Sはだいぶ喜んでいた。みんなにも一通り、釣ってもらった。「おもしぇ、おもしぇ、」と言って喜んでいた。

この前はボール持って行かなくてごめんな、とみんなに謝った。

SもTに、仲間外れにしてごめんな、と謝った。

仲直りして川原の道をみんなで帰っていく時だった。誰かが、この釣りを〈たらし釣り〉と命名した。テトラに座り、糸を手に持ち垂直に垂らす釣り。まさしくその名の通りだ。

一夜にして〈たらし釣り〉は子供たちのあいだに広まっていった。大げさに言えば革命前夜という感じだった。

釣りをする父親たちは知らない間に、道具箱から釣りバリが抜かれていった。釣り具屋さんで山女魚バリとナイロン糸だけを求める子供が増えていった。冷蔵庫のなかの、魚肉ソーセージだけがいつの間にか無くなっていった。テトラには大勢の子供たちが集まった。

革命にはヒーローがいるものだ。それは間違いなくTだった。いつも竿頭《さおがしら》、いや竿は使ってないからなんと言えばいいのだろう。とにかく数を一番釣った。

Tの周りには自然と人が集まった。そして新入りにもやさしく丁寧に釣りを教えた。Tはただケンカが強いだけのSより人望を集めた。SはムキになってTに釣りで勝負を挑んだが、一度も勝てなかった。

それから僕は相も変わらずテトラに通い続けた。TもSも友達もずっと通い続けた。するとある日の夕暮れ時、テトラから遠くの流芯で大きな魚が跳ねているのを目撃した。何尾ものヤマメが激しく跳ねていた。僕はあれを釣りたいと思ってしまった。その週の日曜日、僕は父親に頼み込んで釣り竿を買ってもらった。振り出し式の長い竿だった。

次の日、僕はその竿をテトラに持ち込んだ。みんなが〈たらし釣り〉をしているのに、僕だけが長竿を持って釣りをした。釣り具屋のおじさんに言われた通り、餌は川虫を使った。長竿は簡単に流芯まで届いた。

ヤマメなんか釣れるわけがないと、周りは言っていた。もちろん僕もそうそう釣れないと思っていた。それがいきなりドスンときた。みんなの前で丸々と太った大きなヤマメを釣ってしまった。テトラのヒーローはその日をさかいに、Tから僕へと変わってしまった。

僕は子供ごころにも、竿のおかげで釣れただけと思っていた。ただ長竿を使っただけで周りからヒーローにまつり上げられたのだと。

現に友達がみんな長竿を使い出したら、ポンポンとヤマメが釣れた。

僕はTにもヤマメを釣ってほしかった。Tなら誰よりも多く釣って、誰よりも大きな魚を釣るんじゃないかと思っていた。しかしTの父親は竿を持たせてくれなかった。ハリを盗んだのがバレて相当に怒られたらしく、釣り禁止令も出たらしい。

Tはそれでも懲りず、毎日テトラに来てはひとりで〈たらし釣り〉をやっていた。僕はTを見かねて「竿貸すからやってみるか。」と言った。Tは頑固に断った。一番初めに長竿を手にしただけの偽ヒーローを、Tは面白くないと思っていたのかも知れない。

僕は素直に貸してと言えないTにカチンときた。釣り友達だった二人はこの頃からギクシャクし始め、たがいに、自然と一緒に釣りをしなくなっていった。


小学校を卒業し中学・高校へと進学していくなか、多くの友達は夢中になれるものをそれぞれで見つけた。部活動に励む者、バンドを組んで音楽に励む者、バイクに乗って走り回る者、女の子を追いかける者。僕もだんだんと同じように釣りから遠ざかっていった。

そんな中、Tは新聞配達に励み、やっと自分の竿を手にいれた。そしてずっと釣りを続けていた。たまに道でばったり会うと僕はギターを担いでいて、Tは釣り竿を担いでいた。

「T〜。お前はまだ釣りしったんが。」

と僕が言うと、

「慎一こそ、まだバンドしったんが。」

とTが言う。会うと必ず交わす二人のあいさつみたいなもんだった。ガキの頃のギクシャクした関係は時間が解決してくれた。二人とも少しは大人になったのかも知れない。

Tの魚籠《ビク》をのぞくと、いつも大きなイワナやヤマメがゴロゴロと入っていた。いつのまにか大人顔負けの技を身につけ、天才釣り少年として町中でも有名になった。

Tは真のヒーローとなっていた。

黄色いやづ

今から数年前。春から秋にかけての半年間。僕は日本縦断、釣りの旅をしていた。

六月と七月の丸々いっぱいを、北東北で釣りつづけ、謳歌した。

初夏の東北、新緑のさわやかな風から〝むわっ〟と緑むせる、ちょっとした季節の変わり目。

どこに入っても魚は釣れそうだった。


〈遊漁券販売所〉のノボリを見つけ、路肩に車をとめる。いかにも田舎の販売所って感じで、開店中なのか閉店してしまったのか、雑貨店なのか食料品店なのか、よくわからない店構えをしている。


そっと古びた木製の引き戸を開けてみた。

「こんにちは。」

テレビの大音量だけが聞こえる。今度は大きな声で、

「こんにちはっ。」

テレビの音量が小さくなった。気づいてくれたか半信半疑だった僕は、さらに大声で言った。

「す・い・ま・せ・ん〜。」

「はい〜。」

腰の曲がったおばあちゃんが急いで出てきてくれた。

「すいません。大声出しちゃって。」

「ごめんなぁ～耳遠ぐってなぁ～。」

「いえいえ、遊漁券ください。」

「アユっ子が。」

「いえいえ、雑魚《ざこ》ください。」

「雑《ざ》っ子が、ちょっと待ってろなぁ～。」

この時期、雑魚の遊漁券は売れないらしく、探すのに手間取っている様子だった。

地元の釣り師たちは、五月くらいまで渓流で餌釣りして、六月になるとアユ釣り専門となる。六月に渓流釣りじゃあ、もう遅いと思っている節があるのだ。

おばあちゃんの答えはもうわかっていたが聞いてみた。

「イワナとヤマメは今の時期どうですか。」

「なぁぬ、今ごろ～もう遅いべぇ～。みなアユ釣りだぁ～。」

「そうですか。フライにはいい時期なんだけどなあ。」

「フライってなんだぁ～カタカナ言われでもわがんねぇ～よ。オラは東北弁専門だがらなぁ。」

「おばあちゃん、フライって毛鉤のことよ。」

「はっはっ、そうがい。毛鉤は毛鉤って言ってくれねばわがんね～よ。」

「すいませんね〜。」

おばあちゃんがやっと遊漁券を見つけて渡してくれた。

「カタカナ使うってこどは東京がら来たのげぇ。」

おばあちゃんからしたら僕が都会の人に見えたのだろう。標準語を話し「フライ」なんて言っているし、目深にハンチング帽をかぶり、偏光グラスをかけている。ましてや日中の平日に釣りなんかやっている。地元の若者にこんなやつはいない。

おばあちゃんのびっくりした顔を想像しながらニンマリと言う。

「そうです。東京からです。でも生まれ育ったのは山形なんです。」

「なぁに〜隣の県でないがい。」

やはりおばあちゃんはびっくりしていた。

「ほほぉ〜う、んだらアンタも東北弁専門だったのがいっ。」

「んだよ、んだよ。」

「たまげだなぁ〜、あんたの得意のカタカナでそういうのなんていうだっけがぁ。」

「ネイティブがな。」

「なぁにって、ネイチブ?」

「んだ、んだネイチブらぁ。」

こういった田舎の遊漁券販売所は僕にとって〝憩いの場所〟だった。

地元のじっちゃん、ばあちゃん。とうちゃん、かあちゃんと、僕の母国語である東北弁で話ができるのだ。

ひとり旅の身である。話し相手がいない。わざわざ古びたノボリを探し、それっぽいお店を見つけ券を求めていた。川さがし、魚さがしよりも、ノボリさがしがうまくなった。


東北での釣りもあとわずかってとこまで来ていた。

真夏日が続き、夕方だけにいい時間が集中していた。イブニングライズ（魚が水面で餌をとる行動をライズと呼ぶ。夕方に活発になる。）に期待し川を見てまわっていると、それっぽいお店を見つけた。

入り口はやはり木製の古びた引き戸だ。戸を開けると独特のにおいがした。こういったお店はどこも同じにおいがする。なんのにおいなのかは分からない。

洗剤やらホウキやら、缶詰やらカップラーメンやらが置いてある。奥の隅にはちょっとした釣り具も置いてあった。土間にはついさっきまで水場にいたような、男物のゴム長グツがひとつある。

「遊漁券ください。」

居間のほうから「待ってろぉ〜。」と男性の声が聞こえた。

釣りキチ三平の一平じいさんみたいな方が出てくるのではと期待した。

「はいよ。」

出てきたのは真っ黒に日焼けした、ずんぐりむっくりのヒゲもじゃのおじさんだった。頭の上には地元JAのキャップがちょこんとのっている。期待していた一平じいさんではなかったが、絵に描いたような地元のおじさんだった。

「なに釣りだぁ。」

「フライです。いや毛鉤です。あっ雑魚です。」

おじさんの言い方があまりにもそっけなく、つっけんどんだったので僕はしどろもどろになった。言い方にいっさい悪気はないのだがビックリしてしまった。

久しぶりに会う、いかにも東北親父らしいおじさんだった。

なんだか急にうれしくなってきた。こういう親父はけして嫌いではなかった。

「これから夕方になるといいですかね。」

「んだな。」

「フライでも釣れますかね。」

「うでだ。」

「暗くなってくる頃には虫飛んでますかね。」

「黄色いやづ。」

東北親父は余計なことはしゃべらない。本当に悪気はない。聞けばなんでも教えてくれるし、ウソも言わない。冗談を言わない照れかくしとして、一言、二言だけをゆっくり話すのではないかと僕は思っている。

「どこが釣れそうですかね。」

「左行って、すぐ右行げ。」

「左に向かって次の十字路を右ですか。」

「んだ。」

「そのまま行くと。」

「橋があっぺ。」

「橋があるんですね。」

「その上の淵だ。」

「はい。ありがとうございます。そこに行きます。遊漁券ください。」

「今日はいらね。」

「いやっダメですよ。」

「もうそろそろ夕方だ。いらね。」

「いやいや。」

「あんちゃんはフライだべ、釣っても全部逃がすんだべ、券はいらね。」

おじさんは早く行けっと手振りした。

僕が財布から千円札を抜き取ろうとしていると、おじさんはそそくさと居間に戻っていった。

「どうもありがとう。」と僕は言った。

おじさんは背中越しにちょっとだけ手をあげた。


左に行って右に曲がって橋の上まで来ると、長～いプール（淵）があった。

おじさんの言っていた淵だ。釣りの準備をして河原に下りる頃には、ちょうど陽も暮れてきた。

プールのあたまではライズが始まった。

ほどなくして〝黄色いやづ〟、モンカゲロウがいっせいに羽化しだした。

上空へ向かいハラハラと飛んでいくやつは、羽化成功だ。

たまには落ちこぼれてアシの穂先につかまり、必死に体勢を整えようとするやつもいる。飛び立つ前にそっと近づき眺める。小さくて可憐ではかない。いつまでも見とれてしまう。

今日は遊漁券もないことだ。ずっと〝黄色いやづ〟を見ていよう。

僕はこの地にきて、自然のなかにいて、ひとにふれあい、フライフィッシングの喜びをいっぱい与えてもらえたと思った。

一生懸命

新宿、歌舞伎町といえば日本一の歓楽街である。

夜になれば、さまざまな人たちがさまざまな事情で集まってくる。夜遊びに来る方、暇つぶしの方、家出してきた方、家のない方、そのスジの方、お金を稼ぎに来る方。

僕はお金を稼ぐため夜の歌舞伎町でアルバイトをしていた。

バイト先は、日用雑貨や食料品を扱うスーパーマーケットだった。そこで午後九時から朝の五時まで商品の品出しやレジ打ちをやっていた。普通のスーパーには置いてないドン・ペリニヨンや高級フルーツなどが揃っていて扱うのに緊張したり、酔っ払いのお客様に困惑したりだったが、大変なのはそれくらいで、その割に特別、時給がよかった。

土地柄もあり夜間の仕事だからか、バイトの方々には訳アリっぽい人やバンドマンや役者志望というのが多かった。外見も中身もひとくせありそうな方ばかりで、僕だけがノーマル、いたって普通の人という感じだった。

ある日のバイトの休憩時間、バイトリーダーのバンドマンと一緒になった。リーダーは金色の逆撫で髪、まぶたから鼻から唇までズラリと並んだピアスをしていて、歳は四十をこえていそうだった。外見はとても普通の方には見えない。

僕が「お疲れ様です。」と声をかけたが、リーダーはヘッドフォンをしていた。するといきなり結構な大声で歌い始めた。僕はやはりここのバイトの方々は普通ではないなと思い、関わらないでおこうと思った。

しかし、大声にもびっくりしたが歌声にもびっくりした。素晴らしい歌声だったし曲もカッコよかった。僕は関わらないでおこうと決めたのに、一曲が終わった頃、リーダーの肩をたたいてしまった。

「ゴメン、うるさかった？」

とリーダーが言った。

僕は歌も曲もよくて、つい肩をたたいてしまったと言って詫びた。リーダーはびっくりした顔をしていたが、

「ありがとう。この曲はオレが作ったんだ。」

と言って照れ笑いしていた。

それから僕とリーダーは、音楽の話をした。僕は恥ずかしながら音楽をやるために上京したことも話した。リーダーは言った。

「なにも恥ずかしがることはない。オレなんか四十過ぎてもやってんだから。」

「好きなことを続けることはいいことです。」

リーダーはすこし笑った。

「んじゃ真柄君は好きなこと続けてる？」

「音楽はやめましたが釣りが好きで続けてます。」

「海釣りかい？」

「海もやりますが川と湖に行くのが多いです。フライってやつです。」

「はじめて聞いた釣りだな。」

僕はフライフィッシングを一通り、説明した。そして最後に、このバイトを選んだのもフライフィッシングをやるためで、平日に休みを取って釣りに行けるし、高額な道具も買えるし、バイト終わりに毎朝キャスティング（毛鉤を投げる動作）練習できるし、と言い足した。

リーダーは言った。

「なんのためにそこまでやるんだ。」

「好きだからです。」

と僕は言った。


僕はその日から、リーダーやバイトの方々から、変人扱いされるようになった。

リーダーがバイト仲間に言いふらしたみたいで、「真柄君は変わった釣りをやってるんでしょう。」と皆から言われるようになった。

真冬でもTシャツ・短パン姿の、アクション俳優をめざしている方には、

「都内から山梨まで電車で釣りに行くんだって？　それに釣りの恰好して中央線乗るんだって。変わってるね。」

と言われ、怪しい宗教にはまっている方には、

「釣った魚は全部逃がすんだって、君ってベジタリアン？　殺生しないひと？　うちに入会しない？　変わったひといっぱいいるよ。」

と誘われ、公園にブルーシートの元住居があった方には、

「毎朝、公園に釣りに行ってるって、それもハリは付けないんだってな。変わってるな。」

と言われ、家に百羽ものかわいい小鳥を飼っている方には、

「鳥の羽で毛鉤を作るなんて野蛮だ。」と言われた。

僕は、間違って伝わっている、話は誤解だ、と言いたかったが、説明すればするほどフライフィッシングを楽しんでいる方々が変わりもんだと思われそうだったので、やめた。

それから僕は、鳥を飼っている方以外の、バイトの方々と徐々に仲良くなっていった。

ある日、リーダーに誘われた。

「今日は給料日だからみんなで呑みに行くけど、真柄君も行く？　朝練行くなら無理しなくていいけど。」

「今日は朝練休みです。」

皆、変わりもんばかり。話があちらこちらでまとまらないがおもしろい。

酔いがまわったリーダーが言った。

「ここにいるもんはみんな変わりもんだ。オレは変わりもんでも一生懸命なやつは大好きだ。好きなことに打ち込んだり、夢を追いかけたりしてるやつがな。」

僕は正直、リーダーにだけは変わりもんだとは言われたくなかった。ここにいるみんなも同じ気持ちだったと思う。

ただみんなも変わりもんのリーダーが好きだった。リーダーにはリーダーの資質があったんだと思う。この個性派集団をまとめて楽しい職場にしようと皆に気を配る。なにか仕事でトラブルがあればリーダーが早急に解決してくれた。それも当人に気づかれないように。

僕はリーダーに聞いたことがある。

「なんでみんなに気づかれないように陰で頑張るんですか。」

するとリーダーは照れながら言った。

「ステージで目立つのはいいけど、仕事で目立つのは恥ずかしいだろ。」

僕はリーダーのことを〝カッコいい、カッコつけ〟だと思った。

バイトを始めた頃は、歌舞伎町にも夜間の仕事にも仲間にも慣れなかった。それがすこしずつ楽しくなっていった。リーダーに「今日は二人で呑みに行くか。」と誘われた。

ふたりとも一杯目のビールを飲み干したあと、リーダーに聞かれた。

「どうだ、バイトは楽しくなってきたか？」

「はい、楽しくなってきました。」

「それはよかった。」

リーダーは自分がここに来た頃の話を始めた。

やはり最初は歌舞伎町という街に慣れなかったと。そしてサービス業も初めてだったので慣れなかったと。ただ今ではとても楽しく仕事をしていると言った。

「今日もな、オレがレジに立っていると、前の店のキャバ嬢がよ、必死に営業電話を掛けてるんだよ。それで電話を切ったと思ったら、今度は実家に電話してるんだな、正月には帰省するからとよ。ことばが訛ってたから地方の娘なんだな、上京してキャバクラで働いているとは両親は知っているのかな。田舎に帰れば温かい家族があるかもしれないのに、東京でひとり頑張っているんだな。」

僕は黙って話を聞いていた。

「そしたら今度はそのキャバ嬢の前をな、ほとんど全裸の男が全速力で駆け抜けて行ってな、そのうしろを恐そうな方たちが追っかけて行ったんだよ。それでまたそのうしろを警官がチャリをこいで『待て〜。』とか叫んでんだな。みんな一生懸命、生きてるよな。」

そうですね、とだけ僕は言った。リーダーは続けて言った。

「真柄君もバイトの連中も、頑張って生きているよ。好きなことやって夢追いかけて。」

「僕のはそんな、たいそうなもんじゃないです。」

僕は前からリーダーに、どうしても聞きたいことがあった。

今日は思いきって聞いてみようと思った。

「リーダーって実は音楽でプロになるチャンスあったんじゃないですか？　でも歌舞伎町も好きでバイト仲間も好きで仕事、辞めたくなかったんじゃないですか。」

リーダーはすこし間を置いて
「バカヤローそんなわけないだろう。今すぐにでもプロになりたいよ。」

と言って顔を真っ赤にしていた。


それから一週間もしないうちにそのスーパーは閉店した。

理由はわからなかった。昼に寝ていたところに電話が鳴り、課長が言った。

「急な話だが、うちを閉めることになった。今日から出社しなくていいから。今後の一か月分の給料を出すから、そのあいだに他の仕事を探してくれ。悪いがな。」

僕はすぐにリーダーの顔が頭に浮かんだ。連絡したかったがまだ連絡先を交換していなかった。リーダーという呼び名だけで、名前も知らなかった。もう会えることはないのだろうか。リーダーがプロのバンドマンにでもならない限り、姿を観られることはないだろうか。

あれから十年が経ったがリーダーがテレビに映ることもなく、歌声がラジオから聞こえてくることもない。でも僕は心配していない。たぶん今も歌舞伎町のどこかのお店でバイトリーダーをしているのではないかと思っているからだ。

あの頃の電車通い

僕はフライフィッシングを始めて、長らく車を所有していなかった。運転免許は所持していたがフリーターだったため、経済的な余裕が全くなかった。

バイトを一生懸命にやれば車も買えたとは思うが、バイトはほどほどで、釣りのための時間が欲しかった。月の半分はバイトをして、もう半分は釣りのための生活だった。日銭を手にしては車に飛び乗るのではなく、始発電車に飛び乗るのだ。

東京都下の自宅を暗いうちから出発する。大きなザックを背負い最寄りの駅まで十五分も歩く。車があればこんな思いしなくてもいいのにと、「ヒィヒィ。」言いながら。

券売機で切符を購入する。降りる駅はまだ決めていないので、山梨方面で一番近い駅までの分を買っておく。改札を抜けるときはなぜかいつも嬉しい気持ちになる。

一時的でも東京におさらばする、儀式みたいなものだからだろうか。

始発電車がホームに着いてドアが開いた。今日も始発から賑わっている。乗客は年配の登山者が多い。僕は釣り道具満載の大きなバックを背負っていたので、よく登山者に間違えられ、声を掛けられた。

「若い子が平日に珍しいわね。」

決まって声を掛けてくるのはおばちゃんたちである。僕はまだ二十歳そこそこだったので若い子には間違いはないのだが。

「大きなザック背負って、高いところ登るんでしょ。」

おばちゃんグループのひとりが言った。僕を登山者だと思い込んでいる。

「登山者ではありません。」

とバッサリとも言えない。まだ東京都下を出発したばかりで山梨までは距離がある。車内に不穏な空気が流れたらつらいので、なんとなしに話に付き合う。

「いえ、いえ、そんな高いとこには登りませんよ。」

「でも一泊か二泊でしょう。」

「いや、日帰りなんですよ。」

「ええ。そんな大きな荷物でどちらの山に登るのよ。」

「登りはしませんが、川を歩きます。」

「川を歩く?」

「はい。釣りです。」

「あぁ、釣りね〜。」

だいたいいつもこんな会話をしながら、山梨に向かった。おばちゃんたちには僕が山のことを質問して教えてもらった。おばちゃんたちには僕が川のことを教えた。

「ありがとね。」と言ってアメ玉などをいただいたりもした。しかしなかにはツワモノもいて、

「あんた若いのに物好きね〜、そんな荷物背負って電車で釣りとはね〜。」

と言われたりもした。僕から見たらおばちゃんも物好きなのだが。


東京都から神奈川県へ、それからトンネルを抜けると山梨県に入る。景色が徐々に変わっていく。日の出に照らされた、山と川が見えてくる。谷間の川を見て、その日の状況で降りる駅を決める。増水や濁りならウェットフライ（沈めて使う毛鉤）、それなら上流の駅に降りて釣り下ろう。平水・クリアなら下流の駅で降りて釣り上がりのドライ（浮かせて使う毛鉤）をやろう。小雨やぐずついた天気なら、お気に入りのプール近くで降りてマッチ・ザ・ハッチの釣り（水生昆虫の羽化に合わせた釣り）をやろう。


トンネルを抜けたら、その日の釣りが決まる。トンネルに入ったときからいつもそわそわ、どきどきしていた。目的の駅に降りるとだいたい、いつも肌寒い。夏でも朝はヒンヤリとしている。

「今日も来たぜぇ。」

という気になる。重いザックを背負い直し、せっせとポイント目指して歩きだす。

ポイント近くまで来ると道路脇で着替えをする。じつはこの着替えるときが一番緊張する。

なんとしても人には見られたくないからだ。早朝にパンツ一丁の若者が道路脇に立っている

のはどうしてもおかしい。

車があって、その近くで着替えているのなら、何かの用事とか、釣りかなぁ、と思ってもらえそうだが、車が近くにないとなるとますますおかしい。

早朝に人とすれ違うことは滅多にないが、部活の朝練に行く中高生とはたまにすれ違う。運悪く女子にでも見られたりしたら、キャー、と叫ばれかねない。物好きではあるが、変質者ではないので勘弁願いたい。

幸い一度も叫ばれたことはなかったが、何度も自転車を停めては振り返る女子はいた。

それともうひとつ、恥ずかしいというか後ろめたいというか。釣りの準備を終えて川に入ろうとすると男子高生の集団に声を掛けられたときもあった。

「おはようございます。釣りですか。」

部活動で鍛えられたのか、朝から声も大きく元気もよく礼儀正しい。僕も気持ちよくなる。

「おはよう。釣りだよ。この辺りは釣れるかな?」

「なに釣りですか。ニジマスですか?」

「フライでヤマメやニジマスを狙ってる。」

「おぉおぉ、フライだって。」

男子高生たちが色めきたっている。僕は静かに流れに向かった。

「ちょっと見てこうぜ。」

と男子高生たちの声が聞こえた。僕は朝一だったので手前から、そっと狙いたかったのだが、カッコつけて精一杯のロングキャストを見せつける。

「おぉ～すっげぇ～。」

「かっこいい。」

「やっぱフライはいいな。」

などと男子高生たちの賞賛の声が聞こえる。

ここでバシッと魚が出れば完璧なのだが、無理なロングキャストで思いっきり水面を叩いたので、魚は出ない。男子高生たちの期待の目が背中に刺さる。

「朝練、遅れそうだ。先生に怒られるぞ。」

ある男子の声で解放される。

皆、自転車をこぎ出してひとりずつ去って行く。

「釣り、がんばってください。」

「君らも、がんばれよ。」

と言って僕は後ろめたさを感じる。

いくつも歳は変わらないのに、彼らは文武両道に励んでいる。

僕は世からはみ出た貧乏な道楽者だ。
「君らも、がんばれよ。」
なんて偉そうに言った自分が恥ずかしい。
少年よ大志を抱け。この日は釣り中ずっと頭の中をこの言葉がめぐり巡っていた。

こんな釣り中心の生活は長いあいだ続いた。年券を買えば電車賃だけで済むので、よくこの流れには通った。その甲斐あって釣りは少しずつ上達していった。電車で通うことにも慣れていった。

そして着替えの件もいろいろと考え、対策を練った。家を出るときからウェーダー（腰や胸までの長靴）をはいてしまう作戦が生まれた。夏以外で人目を気にしなければ意外と快適だった。荷物もだいぶ減ったので楽にもなった。

夏はさすがに暑いのでやはり現場で着替えることになる。着替える前に竿を組み立てる作戦が生まれた。竿を一番先に継いで近くに立てかけて置き、〝釣り人〟アピールをしておく。当たり前のことだが、通っているうちに思いついたものだった。

今、思えばこの時期に僕のフライフィッシング人生のベースが出来上がったような気がする。貧乏で不便もあったが時間があった。通った流れに、魚に、いろんなことを教わった。

電車賃が心細いときには寝ないでタイイング（毛鉤を自分で作ること）をして、日が出るとキャスティング練習に行った。フライショップでは店主に、お客さんにアドバイスしてもらった。

あの頃は、なんて言うと、

「四十歳手前の若造がなにを言っている。」

と諸先輩方に言われそうだが、

「あの頃は若かった」な、と思う。


三十歳を目前に僕は就職をした。休日は日・祝のみで、朝から晩まで当たり前に働いた。そして結婚をして、家族も持つようになった。生活ががらりと変わった。多くて週に三日も釣りに行っていた男が、今では月に一日程度。

家族を持つ先輩方には、

「お前、月一回、行けるならいいほうだぞ。」

と言われている。

釣り以外の幸せなんてあるもんかと思っていたが、今は釣り以外の幸せもあるもんだなと思っている。

あの頃からは考えられないことだが、僕は今では車で釣りに行っている。会社に仕事用の車を用意してもらった。その車を休日にも使っていいとのお許しをもらった。電車で通った流れより、もっと先へ、もっと遠くへ行けるようになった。

湖にも行けるし、本流にも行ける。しかしサンデー・アングラーになったのだ。あの頃のように滅多に釣り人には会わないなんてことがなくなった。

しがらみもあり、仕事の付き合いの釣りもたまにはある。月一回の釣りが混雑する日曜日になったので、魚のこと以外も考えるようになり、よりその一日を大切にするようになった。

時代は進み、情報はより早く、より確実に入るようになった。それはそれでいいことだし自分のためにもなった。でもたまには、あの始発電車に飛び乗り、トンネルを抜けるときの感覚をまた味わいたい。

「増水だろうか？　平水だろうか？　空模様は？」

暗かった車内が一瞬で明るくなる。

谷間を車窓から覗き込む。川の様子はどうだろう。

また気が向いたら電車であの通った流れに行ってみようか。

でもウェーダーをはいたまま電車に乗る勇気はもうないだろう。

そんなたいそうな

東京の桜も散り、初夏の陽気がいく日も続くと、各地では釣りの最盛期を迎えようとしていた。フライショップではハイシーズンの準備をしようと、夜な夜な人が集まり作戦会議が開かれていた。ひそひそ声に耳をそばだてると「○○あたりではヒゲナガ（大型の水生昆虫の一種）が出始めた。」とか、「○○のほうでデカイやつがライズしている。」とか、「ナチュラルよりスイングがいい（毛鉤の流し方）。」とか。

色々な人の様々な話に耳を傾け、閉店間際まで情報収集する。いつも安い買い物で長居して悪いなと思いつつも、店主にまで最新情報をうかがい、買い物を済ませた。

仲間の誰かが

「もう時間が遅いよ、解散、解散。」

と言った。皆でお店を出ようとした、そんな時間に「キィィィ。」とドアが開いた。

「すいません。まだやってますか。」

とても小さな声だった。店主に聞こえたかどうかという声量だったが、店主は

「まだ大丈夫ですよ。」

と言った。真っ白な長髪に真っ白の長い髭の、初めてみる初老の方だった。とぼとぼとお店を眺めては、ティペット（毛鉤を結ぶ釣り糸）をひとつ手に取り、レジカウンターに置いた。

僕はチラッと覗いた。表記は０Ｘ《ゼロエックス》だった。店主が、

「大物狙いですね。」

と尋ねると、

「そんなたいそうなもんじゃないです。」

と言って照れ笑いをし、お店を後にした。仲間が、

「さっきの人、大物釣り師って感じがするよな。」

と言った。

「OXということは本流か湖か海だろ。」

と僕が言った。もう一人の仲間が
「なんか達人ぽいし仙人っぽいよな。」

と言った。みんなが
「仙人っぽい、仙人っぽい。」と言った。


その週末にいい魚が釣れたので、仲間たちに自慢してやろうとフライショップに寄った。仲間たちは作戦会議中だったが、「こんな魚釣れちゃいました。」と言って、携帯電話の写真を見せた。仲間たちの「すげぇ〜。」という声を期待していたが、皆おもむろに携帯電話を取り出し、写真を見せてきた。どれもが僕のより、いい魚だった。はりきって写真を出した僕は恥ずかしかった。

赤面する僕を指さして「クッ、クッ、クッ。」と皆が笑った。

僕は「今週末はみんなより、いい魚釣ってやる。」といきがった。

その晩も閉店時間まで情報収集をした。そして〝そんな時間〟に、また「キィイイ。」と音がしてドアが開いた。

「すいません、まだやってますか。」

律義に前回と同じことを言った。今回はフックコーナーに向かい、ひとつ手に取ってレジカウンターへ置いた。僕はまたチラッと覗く。覗いたときに本人と目が合ってしまい、軽く会釈をした。本人も照れながら会釈してくれた。大きなサーモンフックをお買い上げだった。店主が、

「かっこいいスペイフライ（英国スペイ川発祥の毛鉤）が巻けそうですね。」

と言った。

「そんなたいそうなものは巻けません。」

と言って照れ笑いをすると、そそくさとお店を後にしていった。仲間が、

「最近、よく来てるよね。仙人さん。」

と言った。勝手に仲間内では〝仙人さん〟と呼んでいるらしい。もう一人の仲間が、

「つい先日は、長いスペイライン（フライフィッシング専用の糸の一種）を買っていったぞ。」

と言った。

僕は仙人さんのことがどうしても気になり、店主に聞いてみた。

「先ほどサーモンフックを購入したお客さんがいましたよね。」

「はい。」

「あの方はやはり釣りがうまいんですよね。」

店主は困った顔をしていたが、

「ん～。最近よく店にいらしてまして、釣りもよく行ってると思うんですが。」

と言った。僕は、

「それでうまいんですよね。」

と聞いた。店主はまた困った顔をして、

「ん～。なにを尋ねても〝そんなたいそうな～〟とおっしゃるんですよ。」

と言った。

仲間たちも話しかけてみて、魚のことや技術的なことを聞いたみたいだが、決まって「そんなたいそうな魚は釣ってません。」とか、「そんなたいそうなことはやってません。」といって照れ笑いをするばかりとのことだった。

僕はますます仙人さんのことが気になっていた。

今週末は最盛期ということもあり、一泊するつもりで釣りに来ていた。仲間にいきがった手前、どうしてもいい魚が釣りたかった。明るいうちは腕が悪くてイマイチの釣果だった。イブニングに託そうと思い、ポイント選びに走り回っていた。

ひとつだけどうしても気になるポイントがあるのだが、僕のキャスティング技術では届かない流れだった。流芯に届けば釣れそうなのだが。とても長いラン（瀬）なのでこの時間に頭から流せば、ちょうどいいタイミングになりそうだ。僕はチャレンジしてみようと、そのポイントへ向かった。

ポイントへ着くと一台の車が停まっていた。悪路にはつらそうな高級車だった。先を越された。この時間ならまだ移動もできると思ったが、先の釣り人が準備を終え、そろそろ投げそうだったので見てみることにした。

遠くから見た限りでは年配の方に見えたが、川に立つ姿は凛としている。下流にロールキャスト（投げ方の一種）。ずいぶん長いラインを出している。僕はタバコをくわえて眺める。

ゆっくりとリフトしてスイープ（キャスティングの技術）、そしてロッドが振られた。本当に矢のようなラインが飛び、流芯を越えてフライが静かに落ちた。一歩下って二投目、一歩下って三投目も全く同じ動きで、とんでもないループ（フライラインの飛行する形状）が飛んで行った。

僕はタバコに火をつけるのも忘れ、見とれていた。

僕は竿を持たずに後をつけた。近すぎず遠すぎず、釣りのじゃまにならない程度の距離を保ちながら。

ふと釣り人の横顔が見えた時、見覚えのある方だなと思った。髪が帽子に隠れていたが真っ白の長い髭をみてわかった。釣り人は〝仙人さん〟だった。僕は声をかけようかと迷ったが釣りの最中では迷惑かもしれないと思いやめた。

ラインの軌道もはっきりと見えなくなった頃。仙人さんのリールが「ジィッ、ジィッ、ジィーーー。」と鳴った。僕はとっさに仙人さんのところへ駆け寄った。すると仙人さんは
「うわっ。」

と言って驚いた。僕は、

「大きそうですね。ネット係やりますから。」

と言って準備した。仙人さんは、

「いや、いや申し訳ないですよ。」

と言ったが僕は川の中に入りネットをセットした。数分のやりとりで魚が浮いてきた。一発でネットに入った。僕は大きな声で、

「ヨッシャーーー。」

と叫んだ。仙人さんも喜んでいたが、突然現れた僕に唖然としてもいた。

「でしゃばって、すいません。」

と僕は帽子を取って頭を下げた。帽子を取った僕を見て、

「あれっ。」

と仙人さんが言った。僕は、

「フライショップでお会いしましたね。」

と言った。


今宵はどうするのかと仙人さんに聞かれて、僕は「一泊します。」と答えた。仙人さんも車中泊の予定だと言った。

僕は、「迷惑じゃなかったら今日の魚に乾杯しませんか。」と誘った。

仙人さんは、「こちらこそ迷惑じゃなかったら。」と言ってくれた。

まずはビールで乾杯した。僕が、

「今日の魚は素晴らしかったです。それとキャスティングと魚とのやり取りも。」

と言った。仙人さんは、

「そんなたいそうなもんじゃないです。」

といつものように言って照れ笑いしていた。

ビールからウイスキーに移行する頃、僕は酔いにまかせ仙人さんを質問攻めにした。年齢は、

仕事は、今までどんな釣りを、なぜそんなにキャスティングがうまくて釣りもうまい、そしてなんでフライショップでは閉店間際の来店なのか。

また「そんなたいそうな。」とか言うのかと思ったが、仙人さんも酔いがまわっていたのだろうか。ぽつり、ぽつりと話し始めた。


歳は六十六歳だと言った。僕の想像より十歳は若かった。仕事は小さな技術系の会社で社長をやっていたと言った。そもそも仙人さんは社長になりたくなかったと言った。倒産寸前の会社を、勤務年数が長いからと無理やり任されたと言った。

それからは寝る時間も惜しんで必死に働いて働いて、何年もかけて会社を立て直した。やっと一息つけるようになると、幼少の頃から好きだった釣りに没頭するようになった。必死に働いた反動でストレスが相当に溜まっていたという。ストレスを解消するには大きな魚を誰よりも数多く釣って自慢するしかなかった。

なじみの釣り具屋では、〝名人〟と呼ばれるようになった。最初は皆に尊敬もされ慕われたりもしたが、いつの日からか急に煙たがられるようになった。嫌われるくらいならまだしも、「あいつはウソつきだ。」とまで言われるようになった。親しかった店主にも、「もう来ないでくれ。」と言われた。

妬まれてまで釣りをする気はなかった。仕事以上のストレスを抱え、釣りはきっぱりやめることにした。

それが仕事をリタイヤすると暇になり、また釣りがやってみたくなった。ただこれからの釣りは一切、釣果を口にしないようにと決めた。釣り人がどうこうではなく、魚だけと向き合おうと思った。それでフライショップにはお客さんが少なくなる閉店間際に行って、サッと帰るのだと言った。

僕は黙っていた。焚火のはぜる音が沈黙の間に響いた。

仙人さんは、

「べらべらとすいません。」

と言った。そして話をつづけた。

「でも、今日は嬉しかったです。わたしの魚を掬ってくれて、あんなに喜んでくれて。」

「僕の仲間も店主も、他人の釣った魚でもきっと喜んでくれますよ。」

「それは仲間や店主に恵まれましたね。」

焚火が消えたところで二人とも寝床に入った。

それからいく日かして、今シーズン一番の魚を釣った僕はお店に立ち寄った。閉店間際まで仲間たちに自慢してまわった。

お店のドアが「キィィィ。」と開いた。仙人さんはいつものように、

「すいません、お店まだやってますか。」

と言った。お店の隅に行ったところを見はからって、仙人さんにも自慢の魚を見せた。

するとおもむろに、仙人さんが携帯電話を取り出し、写真を見せてくれた。

僕のより大きくて美しい魚だった。

仙人さんがいい魚を釣ったことも嬉しかったが、僕に自慢してくれたのが嬉しかった。

「素晴らしい魚ですね。」

と僕が言うと、仙人さんは、

「そんなたいそうなもんじゃないです。」

と言って照れ笑いしていた。

大人になりたい

その管理釣り場の一日券の代金は、八千円だった。

他の管理釣り場の倍の料金だったが、僕はその管理釣り場へちょくちょく通った。とても貧乏な僕に八千円の捻出はなかなか大変だった。釣り道具を買うのを控えたり、時には自然渓流に行くのも控えたりした。

そこまでしても、その管理釣り場に行きたかった。魚はどれもヒレがピンとしていて、丸々と太っていた。平均サイズで五十センチくらいだろうか。美しいニジマスを初めて見たのはこの管理釣り場かもしれない。人数制限があり、釣り場の混雑がないのも魅力だった。お客さんは皆、隣を気にせず広々とキャスティングをしていた。

そんな釣り場環境と料金設定のおかげだろうか。〝ぎすぎす〟した釣り人は誰もいなかった。大声を出して走りまわる子供もいないし、魚とのやりとりで大げさな声を出す者もいなかった。皆さん熟練者でとても紳士的だったし、恰好や釣り方、リリース（釣った魚を逃がすこと）の仕方もスマートだった。

僕は「あんな大人になりたい。」と思っていた。

何度か通っているうちに、常連さんたちとも挨拶を交わすようになった。

朝一番に駐車場へ車を入れると、いつもの高級外車が何台も停まっている。

僕は窓を開けて「おはようございます。」と言う。すると皆さんが「おっ、今日は来たね。ここ空いてるから、ここに車停めなよ。」なんて声をかけてくださる。

僕は「オンボロ軽自動車なので恥ずかしいから。」と言う。

「なに気にしてんの。いいから。」と皆さんに言われ、「ハイ。オーライ、オーライ。」と後ろから声が掛かる。憧れの大人たちの、憧れの社交場へ招待されたみたいで恥ずかしくも嬉しかった。

朝一番の釣りが一段落すると、誰からともなく集まりだし、フライの話や道具の話をして竿の試し振り会となったりした。

「ちょっと真柄君。悪いけどこの竿を振ってみて素直な感想を聞かせてくれないかね。」

と言って、特に仲良くさせてもらったOさんが僕に竿を手渡してきた。

「えっ、これはハーディー（英国の老舗メーカー）のあの有名な竹竿じゃないですか。そしてリールもハーディーのパーフェクトじゃないですか。とても、とても振れませんよ。もし折れたら大変ですよ。」

と言って丁寧にお断りをした。

するとOさんが言った。

「いや、実はね。我々は仕事一筋でやってきて、小さいなり、大きいなりの会社をやってきたわけです。そしてリタイヤとなり、フライフィッシングという趣味に取りつかれたのだが皆ね、始めるのが遅すぎたんですよ。それでね、キャスティングは皆、自己流なんですわ。名竿だとか名リールだとかを買ってね。やってみたんだが、誰もその性能だとかを分からんのです。それでね、君はキャスティングがうまいから、その竿の感想を聞きたいなと思ったわけです。」

僕は困った。でも名だたる竿を振るチャンスでもあった。

「ねぇ、ちょっとだけ振ってみてよ。」

僕は「それでは少しだけ。」と言って竹竿を振らせてもらった。

……ハーディーはバットからゆっくり曲げるとトルクのあるループが飛んでいきますね。このリール。パーフェクトも絶妙な重さで竿とのバランスがいいですね。ペゾンはラインスピードが上がりやすいのでとても振りやすいです。ヤングは個性的でとても面白いですね。竿と会話しながら振るとイメージ通りに飛んで行きますね。……

「すいません。こんな僕が長々と講釈たれちゃって。」

皆さんは黙って本気で聞いて下さっていた。

「この竿はこんなに飛ぶんだ。」

と言って目を丸くした方もいた。

僕は憧れの大人たちに失礼ながらも、かわいいところがあるんだなと思った。

お昼も過ぎるとパタリと魚も釣れなくなり、皆さんもおのおの好き好きに時間を過ごしていた。

ベンチに腰かけ談笑したり、ランチの後のティータイムを楽しんだり、昼寝をしたり。

貧乏な僕はずっと釣りをしていた。やっとトイレ休憩をとるために大きなログのゲストハウスに入ると、Oさんの奥様が一人、読書をしていた。

「あれっ、Oさんは。」

と奥様に聞いた。

「旦那はいつもの昼寝よ。」

クスッと笑いながら奥様は言った。

Oさん夫婦は、いつも二人でこの管理釣り場に来ていた。旦那さんは一日中釣りをして、奥様は一日中読書をしていた。

僕はできた奥様だといつも思っていた。そしてお歳が五十歳代とは思えないその美しい姿と上品な振る舞いにも感心していた。

僕がトイレから戻ると奥様が手招きしていた。

「真柄君、あなたお昼は食べたの。」

「いいえ、僕は釣りの時、お昼食べないんですよ。」

と言った。本当は経費節約のために食べないだけだったが。

「それじゃダメよ。今ね、受付に頼んだから食べてから釣りしなさいよ。」

かなり強引だった。

「えっダメですよ。そんな悪いですから。それにここのランチは予約制なんで無理ですよ。」

「あら、大丈夫ですって言われたわよ。」

「え～。」

僕は受付に「無理を言ってすいません。」と謝りに行った。「気にしないで下さい。大丈夫ですから。」と受付のお姉さんに言われた。

奥様はそれを見ながら、

「ほらね、大丈夫だったでしょう。ここのランチは美味しいのよ。」

と言って笑っていた。


僕は奥様の前に座った。奥様も本をパタンと閉じた。

チラッとその本を眺めたら、なんと横文字の本だった。

育ちが違うなと思った。

ランチが来るまでひと通りの世間話をした。

「真柄君は投げ方、上手ねぇ。」

「いえ。全然です。ほどほどです。」

「皆ね。投げ方もうまいし、釣りもうまいって誉めてたわよ。」

「いえ。そんなっ。」

「若いうちから釣りがうまいって、みんな羨ましいって言ってるのよ。」

「いえ、いえ。僕は社長たちの方が羨ましいっスよ。」

「あらっそう。まぁ私から言わせれば、どっちもどっちね。まっ、あまり人を羨ましがらないでね。あなたは、あなたよ。」

ランチが運ばれてきた。

「温かいうちに食べて、遠慮しないで。」

「いやでも悪いですもん。」

「いいの。旦那がね、真柄君が来たら食べさせてって言ったの。」

僕はこの管理釣り場で素敵な大人たちに出会い、素敵な話をいっぱい聞かせていただいた。

僕は僕なりの素敵な大人になろうと思った。

頑固者

僕は建築工事の現場監督をやっている。

毎日、いくつもの現場を廻っては打ち合わせをしたり、進行状況を確認したり、材料を運んだり、掃除をしたり。そして日が暮れると事務所に戻っては見積書を作成したり、発注書を送ったりというのが、おもな仕事である。

なかでも一番大事なのが、現場での職人さんとの打ち合わせである。

大工さん、足場屋さん、解体屋さん、基礎屋さん、電気屋さん、設備屋さん、塗装屋さん、左官屋さん、クロス屋さん、空調屋さん、サッシ屋さん、外構屋さん、ハウスクリーニング屋さん。

ほかにも細かく分ければ色々な職があり、異なる業種ごとに予算から工程、次の職人さんへの渡しかたから流れなど、事細かに打ち合わせをしていく。

ひとつの家を造るのに、これだけの職人さんがいて「よく、まとまるよなぁ。」なんて思ってしまうが、その「まとめる。」のも僕の仕事である。

現場のまとめ役として、たまには職人さんと意見がぶつかる時もある。その理由のほとんどが工程の遅れと予算オーバーだ。

建築会社からの雇われの身として、現場監督として、その決まった日にちとお金の中で絶対におさめなければならない。

もちろん職人さんも同じ思いだが、現場では予定通りに行かないこともある。

ひとつの家を造っていくという目標は一緒なので、お互いの言い分は分かっている。しかし思いとは裏腹な言葉がついつい出てしまう。

「大工さん。ここに時間かけ過ぎですよ。」

「監督さん。心配すんなよ。もう終わるから。」

「もう終わるって、まだまだ時間かかりそうじゃない。工程表を守ってよ。」

「わかってるって、ここで手をかけないと次に入ってくる職人がやりにくいからさ。」

「いくらでも時間あるってわけじゃないんだよ。それに予算もないんだから。」

「なにかっていうと予算がない、予算がないってよ。工程を超えた分の金額はいらねぇよ。」

「そんなわけにはいかないだろうが。」

「大工がいらねぇって言ってんだ。引いとけよっ。」

僕はとうとう頭にきた。そして大声で言ってやった。

「このっ、頑固ジジイがぁ。」

「なんだとっ、このハナタレ小僧がぁ。」

釘を叩く音やらドリルをまわす音やらで騒がしかった現場が一瞬、静かになる。

そして罵声を聞いて手を止めた職人さんたちが、

「やめろっ、やめろっ。」

と言って二人の間に割って入って仲裁する。大工さんが、一言だけ言わせろ、と言った。

「オレらの仕事は後世まで残るんだよ。恥ずかしい仕事はできねぇんだ。」

大工さんに限らず、ぶつかり合った職人さんは最後に同じことを言う。皆さん職人としての誇りを胸に仕事をしている。

僕も職人さんの気持ちはよくわかる。手をかけていただいた〝労〟はねぎらいたいと思っている。必ず出るとは限らないが追加工事分として、職人さんにその分の金額も振り込んでもらえるよう、会社に頭を下げる。僕にできることはそれぐらいしかない。


大工さんとケンカした、その現場もなんとか工程通りに竣工した。大変だった現場ということもあり、打ち上げをすることとなった。

僕は工事が無事に終わったことのお礼と、あの時のことを謝ろうと思い、ビール瓶を持って大工さんのところへ行った。「どうもお疲れ様でした。どうぞ一杯。」

大工さんはコップを差し出した。

「あの時は悪かったたな。」

注がれるビールを見つめながらそう言った。一気にビールを飲み干し、空いたコップを今度は僕に渡した。僕も注がれるビールを見つめながら、

「こちらこそ、すいませんでした。」

と言った。

「よしっ。これであの時のことは忘れよう。ただね、工事の後のことで、一言だけ言いたいことがあるんだよ。」

あのことだと僕はすぐにわかったが「なんのことですか。」と知らないふりをした。

「工事分の振込金額がなぁ、どうも多いんだよ。オレはよぉ、追加分はいらねぇって言ったよなぁ。」

たしかにあの時、大工さんは「追加の金額はいらない。」と言った。それが大工さんの意地でもあり誇りでもある。それもわかるが、僕にだって少々の意地がある。会社に何度も頭を下げて追加金額を出してもらった。それが僕の現場監督としての誇りでもある。

「追加分の金額なんて出るわけないでしょう。予算が厳しいって言ったじゃないですか。」

「いやっ、多かったぞぉ。」

僕や会社の気持ちとして素直に受け取ってくれればいいのに、さすがの〝頑固ジジイ〟だ。

口が悪くて、素直に謝れない、感謝できない。

でも僕は頑固者が大好きだ。

クルクルかして〜

「これから帰ります。」

釣りした帰りには必ずカミさんに電話を入れるようにしている。今日も何事もなく、無事に釣りを終えたという報告が大前提だが、カミさんのご機嫌のほうを伺う電話でもある。

久しぶりの釣りだと「気をつけて帰ってきてね。帰りの高速道路、混んでるみたいだよ。眠くなったら途中で眠ってね。」とまで言ってくれる。だが二週、三週つづけてともなると、それはもう大変である。

この日は四週つづけての釣りだったから、電話も出てくれないだろうと思っていた。それが、わずか一回のコールで出た。まるでずっと電話を待っていたかのようだった。

「ハイハァ〜イ。」

とても上機嫌でびっくりした。

「どうしたの。」

「べつに〜。」

「先週も先々週も怒ってたけど、今日はどうした。」

「なんでもないよ。安全運転で早く帰ってきてね。」

「時間、遅くなりそうだから先に寝ててよ。」

「うん。でも寝ないで待ってるから。とにかく安全運転で早く帰ってきてね。」

僕はぞっとした。やたらと機嫌がいいではないか。

それと気になるのが「安全運転で早く帰ってきてね。」だ。そんなこと今まで言ったこともないのに。僕は帰りの車の中でとことん考えたがわからなかった。


恐る恐る家のドアを開けた。

「おかえり〜、結構早かったね。」

カミさんは相変わらず機嫌がいい。

「今日は釣れたの。」

「まぁまぁ、六匹ぐらいかな。」

「え〜、すごいじゃん。でもあんまり嬉しそうじゃないね。」

カミさんの調子がそんなだから素直に喜べない、とは言えない。

「今日はどうしたの。なんかいいことあったの。」

「あったよ。」

「買い物でも行ったの。」

「行ってないよ。」

「友達と会ってたの。」

「会ってないよ。」

「どこも出かけてないの。」

「病院に行ったよ。」

「なんで。体調悪いの。」

「もしかしてと思って行ったの。」

「そしたら。」

「できてました。」

「何が？」

「赤ちゃんが。」

僕は大いに驚いた。驚きすぎて何も言葉が出なかった。

「予定日は五月の下旬だって。」

「えっ。」

僕は思わず「えっ。」と言ってしまった。

「〝えっ。〟ってなによ～、喜んでくれないの。」

ついさっきまで上機嫌だったのに。雲行きが一気に怪しくなってきた。

「いやっいやっ、嬉しい。嬉しいよ。」

「いやっいやっ、じゃないよぉ。五月下旬っていったら釣りにはいい時期だから喜べないんでしょう。」

女の勘は鋭い。正直に僕の釣りの来期、ベストシーズンは終わったなと思ってしまった。

「もういい。死ぬまで釣りしてれば。」

と言って、布団をかぶり、ふて寝してしまった。

「ごめん。」「ごめんね。」「ごめんってば。」

何度も謝ったがとことん無視された。

今は何を言ってもダメだなと思い、僕も寝床に着いた。

目を閉じたが眠れなかった。夜明けから日暮れまで釣りして、ほとほと疲れていたが眠れなかった。カミさんに悪いことをしたなぁと、胸がチクチクした。そしてお腹の中の子供のことを考えてドギマギした。

そもそも赤ちゃんに触れ合う機会などなかったから「赤ちゃんって、どんなんだろう。」から始まり、「釣り好きになるだろうか。」と想像したり、「いやっ、それよりオレが親父でいいのだろうか。」と考えたり。

少しの期待といっぱいの不安が、グチャグチャに交差した。

ほとんど眠れず朝を迎えた。カミさんがムクッと起き出した。僕が「おはよう。」と言ったらカミさんが「フンッ。」と言った。今回は長引きそうである。


それから釣りのほうはほどほどにした。

「たまには釣りに行ってくれれば。」

とカミさんから言われるまでに、夫婦関係は修復した。

翌年、出産間近な五月。毎年のようだったら釣りばかり行っていたのが、全く行かなくなった。お腹の大きいカミさんを見ていたら、少しは家事もやらなければと手伝うようになった。

そしていつ生まれるかわからない状況の中、もし釣りに行って〝その間に〟なんてことになったら。カミさんは一生そのことを言い続けるだろう。女性とは許してはくれてもずっと言いつづけるものだ。

現に「五月下旬が予定日だと言ったら、旦那は素直に喜ばなかったのよ。」と周りに言っている。周りの人たちの目がすでに冷ややかだ。

そこにもし〝その間に〟となったらそれは恐い、それだけはとても恐い。周りの人達にも冷たい目で見られ、我が子にも冷たい目線を向けられる。そして言われるだろう。

「お父さんって最低〜。」

そうなったら本当に最低だ。生まれる瞬間は立ち会うぞ、と決心した。


予定日に仕事を休んで病院へ向かった。

カミさんは「まだ生まれそうにないよ。」と言った。夜半まで待ったが「まだですね。」と言う助産師さんの言葉で、一度、家に帰ることにした。ほとんど寝ていなかったので少し仮眠させてもらうつもりで布団に入った。

遠くの方で電話の音がしているような気がした。それが何度も何度も鳴っていた。

ハッ、として気がついた。

その音は僕の電話だ。そして病院からの呼び出しだ。

「もしもし。」

「ご主人、やっと出てくれましたね。」

「すいません。」

「何度も鳴らしたんですよ。」

「すいません。」

「もうすぐ生まれますよ。」

「すいません。ちょっと待ってもらえます。」

「待てません。すぐに来てください。」

「すいません。すぐ行きます。」

僕は急いで病院へ向かった。

分娩室の前室に入ると担当の助産師さんがいた。

「お父さん、おめでとう。元気な男の子ですよ。もう少しで間に合ったのに～。」

カーテン越しに赤ちゃんの泣き声が聞こえた。

「さっ、お父さん中に入って。赤ちゃんの顔見て、お母さんをねぎらって。」

カーテンを開けるとカミさんの腕の中に赤ちゃんがいた。

「お疲れ様でした。痛かった。」

するとカミさんはムスッとして、

「当たり前でしょ。」

と言った。

「赤ちゃんって、本当に赤いんだね。」

またカミさんはムスッとして、

「当たり前でしょ。」

と言った。そして、

「ところで、なんで立ち会えなかったの。」

と聞いてきた。僕は家から病院へ向かう車中でいろんな言い訳を考えてきたが、何も浮かばなかったので正直に言った。

「寝てました。」

今、生まれたばかりの息子が物心ついた頃には「お父さんって最低〜。」と言われるのは確実そうだ。

釣りバカの親父、出産に寝坊して立ち会えなかった親父に周囲の目はやはり冷たかった。しかし、まだ物事がわからない息子はこんな親父に満面の笑みを見せてくれる。そんな息子はどうしようもなくかわいかった。

僕はそれからほとんど釣りにも行かず息子との多くの時間を過ごした。

母親の愛情とダメ親父の少しの努力で息子はすくすくと元気に育っていた。

一年がたち、二年がたとうとしていた。僕はカミさんに聞いてみた。

「二歳の誕生日はどこか連れて行こうか。」

「うん。連れてってあげよう。」

「どこに行く。」

「きかんしゃトーマスが好きだからトーマスランドに連れて行こう。」

「トーマスランドってどこにあんの。」

「富士急ハイランドにあるんだって。」

「ほぅ、本栖湖が近いねぇ。」

「え〜釣りするの〜。」

「いやっ、ただ近いねって言っただけ。」

「いいよ〜釣りしても〜。最近行ってないじゃん。」

「いやっ、いいよ。時間ないでしょ。」

当日、車に簡単な釣り道具一式を積んだ。

日曜日の中央道は混むだろうと予測して、五時半くらいに家を出た。中央道は予想に反してガラガラだった。富士急ハイランドの開園は九時なのに、七時頃には着いてしまった。

カミさんと息子は後部座席でまだ眠っている。

僕はなんとなく〝本栖みち〟を走った。するとカミさんが起き出した。

「あれっ、どこ向かってるの。」

僕はとっさの言い訳を考えた。

「富士急のオープンにはまだ早いから、その前に美しい朝日でも見せようかと思って。」

「いいよ。ゆっくり釣りしてきてね。」

カミさんはお見通しみたいだった。

本栖湖に着くと息子も起き出した。僕は釣り竿を担いで、カミさんと一緒に息子の手を引いた。

湖岸に降りるとキラキラと湖面が光っている。

息子は一目散に湖に向かって駆け出して行った。釣りする前に湖面を荒らされては困ると、僕も走って追いかける。カミさんに、釣りしている時は息子を静かにさせてと頼んだ。

するとカミさんは息子を抱っこして、

「お父さんが魚、釣ってくれるって。だから静かにしようね。」

と言った。息子は、

「さかなっ、さかなっ。」

と魚コールである。親父のいいところ、見せどころである。

三十分して何のアタリもない。たまにライズはしているので魚はいるみたいだが腕が悪い。

そろそろ息子もジッとしていられないみたいで、チョロチョロ動き出した。そしてそのうち湖に向かって石を投げだした。

周囲に釣り人がいなかったので放っておこうと思ったが、教育として叱ったら大泣きした。

静かな湖畔に泣き声が響く。もう釣りどころではない。

泣き止ませようと釣り竿を渡したらニヤニヤとしている。

リールをカリカリ回してキャッキャッ言っている。

そんな姿を見て僕とカミさんは微笑んだ。

小さなテーブルと小さなイスを三脚広げ、朝食にすることにした。僕がコーヒーを淹れ、カミさんは作ってきたサンドウィッチを取り出した。息子が、

「おいしいね〜。」

と言っていた。ほんの少ししか釣りをしていないのにこの満足感はなんなのだろうか。暗いうちから暗くなるまで休みなくガンガン投げる釣りも好きだが、今日のような釣りもいいものだ。


トーマスランドではいろいろな乗り物に乗り、アトラクションを観てお土産もいっぱい買った。昼には富士急ハイランドを後にして、河口湖近くで〝ほうとう〟を食べて帰路についた。

家に着くと息子がお土産に買ったトーマスグッズで遊んでいる。いい誕生日だったかなと思いながら、僕は釣り道具を片付けていた。

するとトーマスグッズで遊んでいた息子が寄ってきて、

「クルクルかして〜、クルクルかして〜。」

と言ってきた。

クルクルとはリールのことかと手渡した。満足そうな顔をしたので、やはりリールのことだった。

大きなリールをその小さな手で一生懸命に回している。

将来、その小さな手は何を掴むのだろう。

人生を楽しくする何か一つでも掴んでほしい。仕事でもいい。趣味でもいい。かわいい女性でもいい。ほしいついでにもうひとつ、「お父さんって最低〜。」とは言わないでほしい。

やったー、やったー

シングルハンド・キャスティング（片手投げ）の名手だった先輩方々が、ひそかにダブルハンド・ロッド（両手投げの竿）を持ちはじめたのは、十年も前のことだろうか。

シーズンオフになると、キャスティング練習場にしていた公園の芝生の上には、いくつものラインが飛び交い、賑わいを見せていた。それがだんだん減っていき、一本も飛んでいない日もあるようになった。

「今日は平日だっけ。」

やけに広く感じる練習場を前に、ひとりロッドをセットする。ひとりだと集中して練習できるのだが、なんだか張り合いみたいなものがない。温かい缶コーヒーを買ってきて、一息ついてから、ある先輩に連絡をしてみた。

「こんにちは。最近、公園ではお見かけしないですけど、練習してますか。」

「バリバリ投げてるよ。多摩川でね。」

「ダブルハンドですか。」

「そうっ。スペイキャスティング（英国スペイ川発祥の投げ方）でね。」

「芝生の上じゃできないんですか。」

「できないよ。水面を使うキャストだからね。」

「そうなんですか。NさんやHさんも多摩川にいますか。」

「いるよ〜。みんながね、真柄君もこっちにおいでって言ってるよ。」

「そうですか。」

「真柄君もさ、ダブルハンド始めなよ。おもしろいよ〜。」

先輩の誘いに、ダブルハンドを始めてみようと思い立ったこともあった。しかしどうしてもシングルハンドでの遠投に未練があった。もう少し突き詰めて、ある程度は投げられるようになりたかった。少しでも先輩たちのキャスティングに近づきたかった。

「そんなに難しく考えるなよ。同時にやればいいじゃん。それにダブルを練習すると、シングルもうまくなるよ。」

先輩たちはみんな同じことを言った。たしかにそうだと思ったが、もうひとつ踏み切れない切実な事情があった。

ダブルハンドロッドは高価なものが多かった。リールも高番手のものはいい値段がしたし、ラインに至っては渓流用の二倍から三倍もの価格だった。赤貧の僕にはとてもとても手を出せる代物ではなかった。

釣りのシーズンが始まると、先輩たちはダブルハンドロッドをかついで行った。僕だけがシングルハンドでオーバーヘッドキャスト（前後に振るため背後に空間が必要な投げ方）。湖や本流にお供させていただいたが「真柄君はバックの取れる場所でどうぞ。」と毎回、気をつかわせる始末だった。

まっすぐに投げると後ろの木に引っかけてしまう。なるべく引っかからない角度を探し、一方向へひたすら投げ続ける。先輩たちはスペイキャスティングでいろんな方向へ投げていた。大きなフライを余裕の一振りでポイントまで飛ばし、大きな魚をかけていた。

十年たって、ダブルハンドロッドの種類もだいぶ増えてきた。なんとか僕でも手の届きそうな価格帯のロッドがお店にも並ぶようになってきた。

僕は決めた。十年越しの思いだ。お店の主人や先輩たちに相談し、とある一本を購入した。ロッドの飾り糸が赤色なので赤貧の僕はデザインも気に入った。

「日曜日、多摩川においでよ。」

先輩たちがさっそく練習に誘ってくれた。しかしリールとラインの分まで予算が回らず、一式が揃わなかった。

するとある先輩はボロボロだけど練習用には使えるからと、リールを用意してくれた。ラインは店主や先輩たちが貸してくれた。その中のラインで気に入ったのがあれば、いつかそのラインを買えばいいよと、いくつも手渡してくれた。

シーズンの中休みの真夏。ちょくちょく多摩川に通った。先輩たちの熱心な指導により、なんとか釣りに使えるキャスティングにはなってきた。道具からキャスティングと何から何まで面倒を見てもらい、先輩たちには本当に感謝である。僕は秋の釣りに向け着々と準備をはじめた。

今年の夏は暑かった。九月の半ばでも猛暑日が続き、雨もろくに降らなかった。本流は日に日に水量が落ちていった。カミさんに釣行日変更の相談をしてみた。

「今月の中旬に釣りに行くって言ってたけど、下旬くらいに行ってもいい？」

「冗談でしょ。」

鼻で笑われた。

それもそのはずで、川の水がどんどん少なくなってきているのに対して、カミさんのお腹はどんどん大きくなってきていた。九月の下旬に第二子が生まれる予定だった。

僕も、

「冗談だよ。」

と言って鼻で笑った。カミさんの反応は渋かった。

でも諦めきれず、僕は次の日もトライしてみた。

「なんかね。下旬くらいになれば川の調子も良さそうなんだよね。」

「お好きにどうぞ。もう家には帰ってこなくていいからね〜。」

カミさんはニコニコしながら言った。

怒ってる。今日はこれ以上、押すのはやめておこうと思った。

そして次の日、果敢にも再トライした。

「なんかね。たまたま下旬の平日に二日間、休み取れそうなんだ。そんなの滅多にないからね。」

「だから好きにどうぞ。もしその日に生まれたら一目も会わせないから。」

決定的な一言だった。それから僕は一切、釣りの話はしなかった。

二連休の数日前、あまりにも元気のない僕を見かねたのか、カミさんが言った。

「まだ生まれそうにないから釣りに行っていいよ。」

僕は「えっ、本当に行ってもいいの！」と言おうとしたが、グッとこらえて「いや、やめとくよ。」

と言った。そしてカミさんの次の言葉を待った。

「だいじょうぶよ。たぶんまだ生まれないから。行ってもいいよ。」

僕は急いで釣りの準備に取りかかった。

喜びに充ちあふれる釣りバカ親父をみて息子が、

「やったー、やったー。」

と言った。僕もつられて、

「やったー、やったー。」

と言って抱き合った。

「ふたりとも、調子に乗るんじゃありません。」

カミさんの大声が響いた。息子の顔を見ると今にも泣きだしそうだった。

僕はカミさんに「すいません。」と言い、息子に「巻き込んでゴメン。」と謝った。


連休、当日の朝。息子を保育園に送るとすぐさま高速道路を走り、ある本流を目指した。朝の遅い時間だったが平日ということで道は空いていた。

昼前には川の近くまで来てしまい、急いで、ある先輩に連絡をとった。

「真柄です。近くまで来ましたよ。」

「おっ、とうとう来たね～。迎えに行くよ。」

いつも大変お世話になっていて僕の兄貴的存在のKさんである。大物釣り師のKさんが今回、僕のダブルハンド・デビューをサポートしてくれるという。Kさんの四泊五日のキャンプ釣行中に、僕が一泊だけおじゃまするとになった。

Kさんと合流し、あいさつもそこそこに今日の川の様子を聞いてみた。

「水が少ないね。でも今朝こんな魚が釣れたよ。」

と言って写真を見せてくれた。とても美しくそして大きな魚だった。Kさんはいつもすごい魚を釣る。初心者の僕でも少し期待してしまう。

こんな大きな魚、まちがって僕のハリにかかったらどうしようと。

僕はKさんに「すぐに釣りをしましょう。」と言った。

しかしKさんは、もうお昼でだいぶ水温も上がってきたから厳しいと言った。そしてなによりこの天気だから、暑くて人が先にバテてしまうと。バテると集中力が続かないから、いい時間まで釣りはやめて、川の下見に行こうと言った。

大物釣りのひとつのコツを教えてもらった気がした。

少しでも水通しの良いところ、少しでも水量のあるところを求め、いくつものポイントを見て回った。広くて流程の長い本流。車のメーターを見るとだいぶ距離を走っているのに気がついた。

いい時間になり、釣りの準備をはじめた。僕はフライボックスを開いてKさんに相談した。

「このフライでいいですかね。」

「おっ、いいフライだ。問題ないよ。それじゃ、お互いにいい魚釣ろうな。」

おのおの分かれてポイントに向かった。道中、けっこう虫が飛んでいて期待できそうだった。

一投目。そわそわ、どきどきでキャスティングがおぼつかない。斜め下流に投げて一歩下る、斜め下流に投げて一歩下るを繰り返す。

ずっと遠くにかすかに見えるKさんのロッドが曲がった。

もう釣れたみたいだ。僕も期待が高まる。

トントンッと小さなアタリがきた。しかしフッキングしない。

またトントンッときた。それでもかからない。

その後も小さいアタリが数回だけで、今日は一尾も見ることができなかった。

とぼとぼと来た道を引き返す。釣れなかったときの帰り道はいつも長い距離に感じる。

テン場に戻ると、Kさんの釣友で大先輩のMさんが合流していた。Mさんも大物釣り師である。ふたりの大物釣り師の話はとても楽しく、買ってきたアルコールはすべて無くなってしまった。

暗くなってきた空を見上げると、星がいっぱいに広がっていた。釣りには良くないが明日も快晴だ。

翌日、僕は早朝だけ釣りをして、あとはお二方の釣りを見せていただいた。

すべてのことに発見があったが、一番驚いたのはフライの落とし方だった。僕が落としてみたいなと思うポイントに正確に必ずフライから落とす。本当に静かに。まるで小さなドライフライでも落とすみたいに。

僕はリールからラインを引き出し、釣りを再開させた。なるべく静かに、なるべくフライから落とすように。

ドスンというアタリがあった。一気にラインが出ていき、遠くでバサッ、バサッと魚が跳ね上がった。それからのことはあまり覚えてない。

ネットに入ったのは大きくて美しいブラウントラウトだった。

僕が釣り上げた魚とは信じられなかったが、Kさんに「いいフライだ。」とお墨付きをいただいたフライが刺さっていた。

魚に感謝。先輩方々に感謝。カミさんに感謝である。


家に帰ると息子が出迎えてくれた。

「おーたん。さかな、つれた。」

「釣れたよ。大きくてきれいな魚だったよ。ほら写真見て。」

またふたりして、

「やったー、やったー。」

と言って喜んだ。

幼なじみ

僕にはふたりの幼なじみがいる。

小さな田舎町で同じ年に生まれた三人は、保育園で仲良くなった。なにをするにも一緒の三人は小学校に上がるとサッカーを始めた。チームに所属し上級生になるとスタメンで活躍した。三人の夢は〝プロサッカー選手〟だった。

中学では、もちろんサッカー部に入部した。しかし三人とも一年ともたなかった。思春期を迎えるとサッカーボールを追わなくなり他のものに夢中になった。

バンドを組み、バイクを乗りまわし、女の子を追いかけた。三人の趣味や傾向は似ていたが好きな女の子のタイプは違った。ひとりの女の子を三人で追いかけることがなかったのは幸いだった。

「三年生の真柄、山川、柴崎は校長室に来なさい。」

昼休みに全校放送が流れた。僕たちは屋上でちょうどタバコに火をつけたところだった。

「やべぇ、誰かにチクられたべ。」

と僕が言った。

「真柄、大丈夫だ。この田舎で、ここの屋上より高い建物なんてないんだから。」

と山川が言い、

「どこからも見られるはずがねえよ。」

と柴崎が言った。

「んじゃなんで呼び出されたんだよ。」

と僕がふたりに聞いた。親父からくすねてきた一本のタバコを三人でふかしながら考えた。

「ん～。」

問題を起こしすぎて、どのことで呼び出されたのか分からないのだ。青空に消えていくタバコの煙を眺めながら三人で笑った。

高校は別々の学校に進んだ。山川は授業を受けている様子が全くなかったが頭が良くて進学校に進んだ。柴崎はタバコを吸っているくせに底なしのスタミナを持っていた。まだサッカーを諦めきれず、強豪校に進んだ。

僕にはなんの取り柄もなかった。担任に唯一入れる高校だと言われ、農業高校へ入学した。

高校は別々でも三人は前と同じように一緒に遊んだ。下校してから夜な夜な遊びまわり、ギリギリで卒業した。卒業式のあとは三人で集まり祝杯をあげた。

山川は大学に進学した。家業が地元でも有名な建設会社である。跡目を継ぐ長男として、建築を勉強すると言った。

柴崎も跡目を継ぐ長男坊だった。実家が老舗旅館を営んでおり、若旦那として修業をすると言った。

僕もたまたま長男坊だったが家業はなかった。親は好きにしろと呆れていた。音楽で自分を試したかった。僕はなんのあてもないまま上京した。

ミュージシャンになる夢はたったの二年で諦めた。

田舎でそこそこだった若者は東京で全く歯が立たなかった。そこから努力をすればいいものの努力の仕方が分からなかった。人生、初めての挫折にただうちひしがれていた。

夢を失った僕は失意のなかにいた。すると魅力的だった東京の街が色あせて見えてきた。音楽ばかりの生活にも嫌気がさしてきた。次第に田舎のことを思いだすことが多くなり、山川や柴崎に電話をかけていた。

ふたりはいつも忙しかった。それもそのはずでそれぞれの夢に向かい一直線に進んでいた。ふたりへ電話をかけるたび、僕はなにをやっているんだろうと自問自答していた。

こんなはずじゃなかった。——そんな言葉しか出てこない。生活が荒れるほど、田舎のことばかりが頭に浮かんでくる。

そんななかで思い出したのが子供の頃、三人でよく川遊びをしたことだった。

「久しぶりに釣りでもやってみるか。」

と思い立った。ずっと前から憧れていたフライフィッシングを始めてみようと思った。

いきなり始めるには難しい釣りだろうと思ったが、僕には先生がいなかった。まわりに経験者がおらず、どうしようかと悩んだ。それならばと入門書を購入して読み漁った。

毛鉤の写真が美しくて、まずはタイイングに興味を持った。竿を買う前にタイイング道具の一式を揃えた。暇だったので一日中、巻いていることもあった。夜にはテーブルの上にエルクヘア・カディス（毛鉤の一種）が山盛りになっていた。

久しぶりに夢中になれるものを見つけ、だらだらとした生活が少しずつ変わっていった。アルバイトも頑張るようになり、お金を貯めてロッドとリール、ウェーダーと揃えていった。いよいよデビューである。

偶然にも、渓流釣りの解禁日に近い日に、地元で柴崎の結婚式が開かれることとなった。僕は釣り道具一式を背負い、新幹線に乗り込んだ。

雪が多く残る解禁日だった。僕は昔よく通ったプールを目指し、雪のなかをこいでいった。昼前に到着するとすでにライズが始まっていた。ライズリングの輪と輪がいくつも重なりあうほど魚はいた。タイミングがよかった。

フライフィッシングのデビューの日に、三尾もの美しいヤマメが釣れてしまった。柴崎の若くしての結婚も驚きだったが、それ以上の衝撃だった。

この日から柴崎の人生も変わった。そして僕の人生も変わった。

東京に戻ると、すぐにバイト先を変えた。

釣りに行きやすいよう、週三日くらい勤務の夜間の仕事を選んだ。

バイトの日は、明け方に帰宅するとすぐに近所の公園へ向かい、毎朝、キャスティング練習をした。バイトが休みの日は、中央線を乗り継いで、山梨の川へと向かった。

もう釣りのために生きている、という感じだった。

僕はその頃、山川と柴崎と連絡を取り合うたびに、ふたりへけしかけた。「フライフィッシングは面白い。」「とにかくやれ。」「やらなきゃ損。」だと。

忙しい、忙しいと言っていたふたりだが、とうとう僕に根負けしたみたいで道具を揃えたという。次に僕が帰省したときには一緒に釣りをしようと約束した。

五月の連休に帰省した。田舎の川はやっと春を迎えたという感じだったが、魚の反応は上々だった。山川も柴崎も早々に魚を手にした。水面に浮いたフライに魚が飛びつく衝撃を何度も味わった。ふたりもフライフィッシングの虜となっていった。

ふたりはそれから、時間を作っては、すぐ目の前の川に通っていた。でっぷりと太ったヤマメや大きなイワナの写真が、メールで送られてくるようになった。僕はふたりの釣果を自分のことのように喜んだ。

三人にとってフライフィッシングがかけがえのないものになっていた、ちょうどその頃。

三人とも大好きな地元の川が、新聞や雑誌で話題になっていた。

〈○○川の清流にダムを建設!〉

僕はその大きな見出しを見て「まさかな。」と思っていた。あの川にダムなんか造ったところで何の意味もないだろう。それにその当時は〈脱ダム〉の時代だった。世論を無視するとは思えなかった。

しかし、その後もダムの話題は消えることがなかった。消えるどころか、ついにある時〈着工決定〉という情報が流れてきた。

僕はたしかめたかった。建設会社を継いだ山川なら知っているだろうと思い、電話をかけてみた。

何度も電話を鳴らしたが山川は出なかった。仕事中の電話なら必ず出るくせに、釣りの最中の電話は必ず出ない。わざと車に電話を置いていきやがる。

柴崎も釣りの最中は電話に出ないやつだ。柴崎も釣りに行っていそうだったが、今すぐたしかめたかった僕は電話をかけた。

「おぅ、真柄どうした。」

釣りには行っていなかった。

「柴崎、おまえダムのこと知ってるのか。」

「あぁ。ダムのことか。」

やはり柴崎も知っていた。それもそのはずで柴崎の旅館のすぐ脇を流れる川を堰き止めるのだ。その川の上流部がダムの建設予定地になっていた。

「ほぼ、決まりらしいな。」

と柴崎が言った。僕は釣り人の立場として質問した。

「柴崎はどう思う。」

「どう思うって、ダムに反対か賛成かってことか。」

柴崎は歯切れの悪い言葉を繰り返し、反対でも賛成でもないと答えた。思い出の流れがダムに沈むのはもちろんつらい。ただ工事が始まれば関係者が宿泊してくれると言った。僕は、

「そんなのは一時的なもんだろう。」

と言った。柴崎は少しの間、黙り込んでいた。そして
「恥ずかしながら一時的なお客さんでも助かるんだよ。」

と言った。僕ははっとした。そして軽率な言葉を恥じた。柴崎が、

「真柄、おまえまさか山川にもそんなこと言ったんじゃないよな。」

と言った。僕は、

「言おうとしたが電話に出なかった。」

と言った。

「出なくてよかったな。山川の会社が下請けで工事に参加するみたいだからよ。」

と柴崎が言った。

柴崎との電話を切ると、入れ違いで山川からかかってきた。

「わるい、わるい。釣りしててよ。何度もかけてたみたいだけど、どうした。」

と聞いてきた。僕は、

「今日は釣れた？」

と聞いた。

「今日は反応よかったぞ。」

と山川は言った。


いつのまにか三人とも人の子の親となり、仕事もさらに忙しくなった。釣りに行く時間がめっぽう減り、連絡もごくたまにという感じになっていた。

「久しぶりに川で遊ぼうか。」

と柴崎から声がかかった。

三家族で集まったのは、ダムで沈むはずだった流れだ。ダムの建設は一向に始まらなかった。県の計画に漁協が反対していると聞いた。

親父たちは河原にベースをつくると、家族そっちのけでさっそく竿を出した。僕の毛鉤にもすぐにいい魚が飛び出した。これで最後かも知れないと思い、僕はいつも以上に魚の顔を見つめた。

「真柄、早く上流へ行こうぜ。」

とふたりがせかした。僕はこの一尾で満足していた。

「お先にどうぞ。」

とふたりに言った。この先は流れが曲がり、ちょっとした淵になっている。ふたりの姿が見えなくなって竿をたたんだ。

僕は家族のところに戻り、火をおこした。野菜を焼いて、肉を焼いて、スイカ割りの準備をした。そうしているうちに、やっと釣りバカ親父ふたりが帰ってきた。

「真柄、ぜんぜん上がってこなかったな。」

と山川が言った。

「三人じゃ狭いかと思ってな。」

と僕はウソを言った。

「なに言ってるんだ。交代で釣り上がればよかったのに。」

と柴崎が言った。

「まぁな。」

と言って僕はふたりに缶ビールを渡した。

水遊びしている子供たちを見ながら、僕たち三人が子供だった頃を思い出していた。

いつも一緒だった三人はよく釣りにも出かけた。いいポイントを見つけて美しい魚をたくさん釣った。

しかしその秘密のポイントにある日突然、大きな重機が入った。しばらくすると堰堤ができていた。長い時間をかけて、その堰堤の上下に魚が戻ってきた頃、今度は魚道をつくると言って、また重機が入った。

三人はそんなのをいくつも見てきていた。当たり前の光景として。

僕だけが地元を去り、ふたりは残った。子供の頃から三人で共有した時間や感じたことは永遠のものだと思っていた。歳を重ねるごとに考え方も変わり、立場も変わり、生き方も変わった。

それでも幼なじみなんだ。

コート掛け

年末からずっと仕事が忙しく、ようやくひと息ついたのは四月に入ってからだった。まとまった仕事も、今日になりやっと片付いた。汚れた手を会社の洗面所で洗っていると、花びらが洗面器にゆらゆらと落ちてきた。

半分開いた窓から〝ふわっ〟と、あたたかい夜風が吹いてきた。窓を見上げると、月明かりに照らされた桜の花びらがきらきらと舞っていた。

いつのまにか桜は満開になっていて、いつのまにか散り始めを迎えていた。釣りの解禁日はとうに過ぎている。

「俺はなんのために働いているのだろう。」

と何も考えなしに思ってしまう。働かなければ生きていけないし、釣りにも行けないのだが、ふと口をついてしまう。しばらく手を洗いながら、散り舞う桜を眺めていた。

最後に顔を洗い流すと、

「今度の休日こそは釣りに行くぞ。」

と思った。

仕事が忙しいさなか、家の引っ越しも重なり、何か月も整理できずに部屋のなかは段ボールの山になっていた。家に帰ると山積みになった段ボール箱から、釣り道具をゴソゴソと出し始めた。

カミさんには「やっと片付ける気になったのね。」なんて言われたが、「釣りの準備だよ。」とは言わなかった。ただ「うん。」とだけ言った。

そもそも僕は以前のアパートから、現在、住んでいるアパートへの引っ越しに積極的ではなかった。以前のアパートは古いながらも僕になんとなく〝しっくり〟きていたし、家財をまとめて運ぶのが面倒だった。引っ越し費用削減のため、自分たちで運べるものは運ぶというのは、想像するだけで骨がおれる作業だった。そして何より家賃が上がるのが怖かった。

家族が増えたので、少しでも広い家に引っ越すというのだ。僕は狭くても家族でくっつきながら暮らせばいいと思っていた。しかしカミさんには、

「それもいいけど、もうちょっと将来のことを考えてよ。」

と言われた。

子供たちはあと数年で小学校に行く予定で、少しでも〝評判のいい学校〟に通わせたいらしい。それには早めにその学校の近くに引っ越したほうがいいとのことだ。そしてもう少し大きくなったら、子供たちの部屋がいるでしょう、とも言った。最後には、

「子供たちの荷物がどんどん増えていくのに、あなたの釣り道具までも増えてくでしょう。少しでも減らしてくれれば、狭い家でもいいんですよ。」

と言われた。こちらはぐうの音も出ない。女性や母親とは本当に将来のことを考えている

のだと、つくづく思う。僕なんかは子供は好きに大きく育つものだと思っているが、そんなことは言えない。家のことはすべてカミさんに任せているので、一切、口を出さないと決めている。なるべく気持ちよく釣りに行きたいと思っているので、我慢するところは我慢する。

段ボール箱からフライボックスを引っ張り出すと、ボックスの中はなんとも淋しい。使えそうなフライが少ない。バイス（毛鉤を作るための万力）やマテリアル（毛鉤の素材）も引っ張り出し、さっそくタイイングを始める。

久しぶりのタイイングで、始めの何本かはバランスが悪かった。それでも少しずつ感じが戻ってきて、良さそうなフライが出来上がってきた。次にリールを引っ張り出しオイルを垂らした。ラインは巻きっぱなしでほったらかしのため古くなっていた。フライベストの中を見るとリーダー（先糸）がないし、ティペット（ハリス）も弱っていそうだった。ラインも新調してリーダーも買ってティペットも買おう。よし明日はショップに行こう。

仕事は一段落したが今度は釣りが忙しくなりそうだ。

なんだか年甲斐もなく楽しくなってきた。

釣行前日、僕はすべての道具を玄関先に置いて布団に入った。

明日は皆さんに遅ればせながら僕の解禁日である。興奮しているのか、なかなか眠れない。

春先なので陽が完全に昇ったくらいに釣り場に着く予定だったが、眠れなければ早めに出発しようと思った。まだ夜中のうちに車へ荷物を積み込んだ。

信州方面へ向けて出発した。東京を出た時は少し肌寒いくらいでも、ひと山を越え、ひと山を越えるたびに、車内はぐっと冷え込んできた。

「こんなに寒いなら朝一番は釣りにならないだろう。」

と思ったが寝られないのだからしょうがない。ちょっとばかりの後悔なんかは、釣り場に近づくにつれて消えていった。ここ何年も通う、お気に入りの川はもうすぐ。

気持ちが高まり、車内で思いっきり叫んだ。

「今年も来たぜぇっ。」

普段の生活ではこんな気持ちの高まりはない。釣りのときくらいである。ましてや毎年、初釣りはこうである。やはりちょっとだけ特別な日だと思う。

初釣りのポイントは最初から決めていた。ポイント近くに車を停める。シンとした静寂の中から徐々に川の流れの音が聴こえてくる。当たり前だがいつ来てもここには川が流れている。

川に近づくと、少しだけいつもより流れの音が大きいような気がする。増水しているのだろうか。まだ空は暗くてよく見えない。あまりにも寒いので外気温を測ったら、二度とあった。

じっとしていたら寒いだけなのでヘッドライトを点けて準備にとりかかった。まずはいくつも重ね着をしてみる。それからウェーダーをはく。厚手のネオプレーン・ウェーダーなのでいくらか暖かくなった気がする。

そしてロッドを継いでリールをセットした。新調したラインを結ぼうと、ベストに手を伸ばそうとした。しかしハンガーにぶら下がっているはずのベストが見当たらない。走行中にハンガーから落ちたと思い探したが見当たらない。そもそもハンガーすらも見当たらない。

僕の高まった気持ちが一瞬にして奈落の底まで落ちていった。

思い出した。――ベストは家に忘れた――のだ。

釣行前夜に家の玄関へすべての道具を置いておいた。玄関の床に置いたものはすべて車に積んだが、ベストだけは積まなかった。玄関の壁にあるコート掛けに掛けてあったからだ。

以前、住んでいたアパートにはコート掛けなどなかった。それが引っ越したアパートにはコート掛けが付いていた。ベストの形が崩れなくていいや、なんて軽い気持ちで掛けてしまった。

コート掛けを使う習慣など僕にはないのだ。

パニックになり怒りの矛先を引っ越しのせいにし、頭のなかで何度も同じ言葉が廻った。

「引っ越さなければ忘れなかった。コート掛けがなければ忘れなかった。そもそも仕事が忙しすぎたんだ。」

と。こんな日に限って早めに現地着しているし、先ほど車内で「今年も来たぜぇっ。」なんて叫んだのが恥ずかしくも情けない。すべて自分が悪いのだ。車に積み込んだ時に最終確認をしなかったんだから。しかしその時にはそうは思えなかった。

だんだんと空が明るくなってきていた。なんとなく川の様子を見に行くと、少しの増水と少しの濁りで、最高のコンディションに見えた。引き返して後日に出直そうかとも考えていたが、いざ川に立つとどうしても釣りがしたくなった。

もうそれからは前向きなことしか考えなくなった。予備で積んできたかなりライトなロッドはある。リールもラインも一セットある。目の前の大きな本流には心細いがなんとかなるだろう。どうしても必要なクリッパー（糸を切る道具）とフライだけが手元にない。

さぁ、どうしようかと悩んだ。

陽が昇りはじめ、カミさんも起きだす時間になったので一応、電話をしてみた。

「おはよう。」

「おはよう。無事に着いた？」

「無事に着いたが、無事じゃないんだ。」

「どうしたの？」

「玄関にベスト掛かってない？」

「うん。掛かってるよ。」

「やっぱり。」

「えっ。忘れたの～。」

「うん。忘れた。」

「えぇっ。どうすんの～。」

「こっちに子供たちと遊びに来る気はないよね？」

「冗談でしょ。ははっ。」

「冗談、冗談、ははははっ。」

　本気だとは言えなかった。

　一度電話を切って、じっくり考えた。フライとクリッパーは購入しようかと。もう一度カミさんに電話をして、僕のいるところから近い釣り具屋さんと開店時間を、インターネットで調べてもらった。早い時間に開いているお店に期待したが、どこも十時前後の開店だった。釣り場から一番近い大手釣り具チェーン店の駐車場で、開店を待つことにした。

九時を過ぎたあたりから、釣りの知り合いの方々へ携帯電話で今の出来事をメールで送った。皆さんが「せっかく行ったんだからフライもクリッパーも買ってやったほうがいいよ。」と言った。

　それに付け加え、ご自身の忘れ物談も書き添えてきた。

「僕なんかはライン一式、忘れて釣りができなかったよ。」「僕はリールを忘れたことがあるよ。三時間かけて行って、何もせずに帰ってきたよ。」「僕なんかウェーダー忘れて、川に入らずちょっとやってすぐに帰っちゃったよ。」

とか。皆さん、意外と一度は忘れ物をしているんだなと思った。ベストを忘れたくらいで、帰ろうなんて思ったことが情けなくなってきた。

十時になり開店した。フライは〈ビーズヘッド付ウーリーバーガー〉と〈マラブーフライ〉を四本買った。そしてクリッパーと年券も買った。急いで川へ戻り、特別な日を取り戻そうとした。ベストもバッグもなく、ポケットに予備フライ二本とクリッパーだけを入れて。

——間違って特別な魚がかかればドラマのようなストーリーだが、暗くなるまでロッドを振って一度もアタリはなかった。

忘れ物の後悔はあるが、諦めずに釣りをしたことは良かった。

今年の初釣りは違った話で、すごく特別な日になってしまった。

この夏のオイカワ釣り

今年の夏、小学校に入学したばかりの息子が突然「釣りに行きたい。」と言い出した。僕はついに〝こんな日〟が来たんだなと思った。

心中、うれしかったが、なぜか「急に言われても困るな。」と小言が口をついた。思わずついてでた、親父なりの精一杯の照れかくしだった。

これまで僕から息子へ、釣りに誘ったことはなかった。休日に息子へ「今日はなにして遊ぶ。」と聞いては、サッカーをやりたいと言えばシュート練習に付き合い、野球がやりたいと言えばキャッチボールに付き合い、仮面ライダーショーがあれば会場に付き添った。

僕の趣味である釣りへ強制的に付き合わせて、水辺を遊び場にすることもできたと思う。選択肢を広げてやるためにも、親がいろんなところへ連れ出して、体験させるということもあるだろう。しかし僕はそれをあまりしてこなかった。

強制したら反発されるかもと思っていたのかもしれない。なんとも情けない親父である。息子本人の口から言いだすまでは誘わないと決めていた。

最近、僕の釣り雑誌などをパラパラめくって、魚の名前を聞いてくる。少しずつ興味を持ち始めているんだろう。体格的にも大きくなってきたから、僕が見張っていれば川へも連れて行けるかもしれない。

母親もライフジャケットを着ていれば小川なら大丈夫じゃないかと言った。母親の許しも出た。

息子の釣りなのに親父の僕がそわそわしはじめた。

僕は幼少の頃、本当に釣りがしたかった。竿を買ってだの、釣りに連れて行けだの、涙を流しながら両親に訴え続けた。僕の釣りに対する本気度をようやく感じたのか、それとも呆れ果てたのか、母親は竿を買ってくれた。親父は釣りもしないのに川まで連れて行ってくれた。

僕の息子はそこまで釣りがしたいのだろうか。

釣りへ対する本気度を確かめたくなった。

たかが子供の釣りなのに大人げないが、意地悪な質問をいくつかした。

「魚はなにを釣りたい。」

「エサづりか毛鉤つりか。」

「竿はどうする。」

「俺の竿を使って壊したらどうする。」

もちろん回答など返ってくるとは思っていない。本気度を知りたいだけだ。

息子の瞳に、だんだんと涙が溜まってきた。僕は黙って息子が口を開くのを待った。

沈黙する息子のつぐんだ口が震えてきて、ぽろぽろと涙があふれてきた。

そして突然立ち上がると、

「釣りしたいのっ。」

と叫んで母親のほうへ走っていった。母親につかまってわんわん泣いている。

泣かせて悪かったがこれで本当に釣りをしたいのがわかった。

さて釣りに行くのはいいが、どこへ行けばいいだろうか。まずは安全なところが最優先だろう。平坦な川は安全だろうが、季節は夏である。水温が高くて魚の活性が低いかもしれない。

それでは管理釣り場はどうだろう。魚もいるし足場もいい。しかし東京からの遠征代と釣り場のチケット代を計算すると難しい。子供の釣りに捻出できる予算ではない。赤貧の真柄家に生まれた息子である。申し訳ないがあきらめてもらう。

僕にはお金もなくて策もない。そこでフライショップ〈ループ・トゥ・ループ〉店主の横田さんに相談してみた。「それなら〝オイカワ釣り〟はどうでしょう。」と、教えてくれた。

「川の浅いところで釣れるし、低予算で遊べます。何といってもベストシーズンですから、必ず釣れると思いますよ。」

僕は勝手にニジマスやイワナやヤマメ釣りを想像していたが、オイカワ釣りという手もあったのだ。僕の生まれた山形の最上町にはオイカワがいなかった。僕はいまだに生きているオイカワを見たことがないのだ。

横田さんは「オイカワはネイティブですよ。美しいですよ。」と教えてくれた。もし初めて釣った魚がネイティブで美しいなら、そんなにいいことはないと思う。

近年、オイカワ釣りが僕の周りでも熱くなっているのを感じていた。「フライへの反応も面白いし、サイズのわりに引くんですよ。真柄くんもやってみたらハマりますよ。」と横田さんが言った。「今週末、行くようでしたら息子さんのガイドしますすよ。」とまで言ってくれた。

申し訳ないなと思いつつ、甘えさせていただくことにした。

さっそく帰宅して、すぐに息子へ今週末に釣りに行くことを伝えた。

「やったー！」

と叫び、跳ね上がって喜んでいる。

二つ年下の妹まで、何が何だかわからないが、一緒になって飛び上がっている。

幼少の頃はこんなにも瞬発的に喜べるものだと、羨ましくも微笑ましくも思う。

熱が冷めないうちに毛鉤を巻かせようと思った。毛鉤を巻いてみるかと聞くと、兄妹で「巻くっ。」と同時に言った。まずは息子をバイスの前に座らせ、僕が背後から手を添えた。

息子が少しだけ緊張しているのが伝わった。小さい毛鉤を巻いてみた。ハックル（鳥の羽根）を回転させると、パラリと広がった。それを見た息子が「すんげぇ〜。」と言った。

最初の一本だけ手を貸して、あとは思い通りに巻かせてみた。意外だったが、五本くらいをすぐに巻いてみせた。妹はまだ五歳になったばかりで無理だろうと思ったが、少しだけ手助けしてやると、なんとか巻きあげてしまった。

僕は兄妹にフライボックスも作ろうと提案した。ただのプラスチック・ケースにフォーム材を貼った簡素なフライボックスだ。完成すると毛鉤を収めさせた。

息子は毛鉤をうまくフォームに刺せずに指に刺した。

ほんのすこし血が出て「痛い。」と言った。

「それも勉強だ。」と僕が言った。

兄妹はその日、枕元にフライボックスを置いて眠りについた。

子供たちと親父の待ちに待った週末。青空がどこまでも広がる夏らしい快晴だった。川のそばへ来るとオイカワらしき魚がピシャピシャと跳ねていた。

僕の所持している中で一番軽いロッドを用意していたが、八フィート六インチの三番は息子には重くて長そうだった。それを見かねた横田さんが、息子のためにグラスロッドの二番で、短めのロッドを手渡してくれた。ライフジャケットの背中にネットまで装着してくれて、息子は照れながらも誇らしそうな顔をしていた。

一投目、横田さんが手を添えてくれて、きれいなロールキャスト（投げ方の一種）が決まった。ダウンクロス（斜め下流方向）にラインが伸びてスイングが始まると、ラインの先端がピクッと動いた。息子の身体もビクッと動いたが何もできない。二投目、横田さんが耳元で、

「ピクッときたら少しだけ竿を上げてみて。」

と優しく声をかけた。すぐにまたラインの先端が動いた。「少しだけ。」とアドバイスされたのに息子は大きくロッドを上げた。きらきらと小さな魚が舞った。横田さんが素早く背中のランディングネットを外し、掬ってくれた。

息子はびっくりした顔をして唖然としていた。

「すごいな。本当に釣れたね。」と横田さんや僕や母親に言われると、自慢げに魚を見せてきた。

ギラッギラに輝くメスのオイカワだった。

小さな水槽を持ってきていたので魚を入れて眺めてみた。

上下左右からまじまじと眺める息子に「きれいな魚だな。」と言った。

息子は「うん。」とだけ頷いた。「やったー。」とか「よっしゃー。」とか叫ぶのかと思っていたが、予想していた反応ではなかった。

いつまでも、いつまでも、じっと魚を眺めている。本人なりに興奮をかみしめているようだった。

妹と一尾交代で釣りして二人で十尾も釣っただろうか。小さな水槽がオイカワでいっぱいになった。僕がそろそろ川に放してやろうと言った。息子はヤダと言った。すべて家に持ち帰ると言う。僕は家に水槽の装置がないからすぐに死んでしまうと言った。それでも納得しない。

見かねた母親が言った。

「この子たちは川にいたほうが幸せなのよ。それに、この子たちのお母さんが今ごろ探してるのよ。」

それを聞いていた妹が突然、水槽を川にひっくり返した。息子は怒って泣き出した。妹が、

「だって、かわいそうでしょう。」

と兄を諭していた。

泣きやんだ頃を見はからって僕が声をかけた。

「また来週も来ればいいじゃん。」

するとと息子は、

「ぜったいだよ。」

と涙を拭いながら言った。

それから三週連続でオイカワ釣りに行った。僕は夏の間、ずっと兄妹に付き合った。付き合ったというより、僕もオイカワ釣りに魅了されてしまった。

釣りの帰りの車内では「来週も行くでしょ。」とお尋ねするくらいになっていた。

僕はこのところの五年間、本流でダブルハンドの釣りに没頭していた。そして没頭しすぎて、身体を壊してしまった。

一昨年は車中泊で四泊五日の釣行時、朝から晩までダブルハンドを振って本流に立ち続けた。五日目に帰宅してそのままダウンした。疲労とストレスからくる肺炎だった。三週間の入院となった。

昨年はやはり車中泊で五泊六日の釣行から帰宅すると、頭痛がひどかった。数日、経過したら顔面麻痺になった。首の裏の運動神経が切れて顔の右半分が全く動かなくなった。これも疲労とストレスからくるものらしい。

現在は約一年経過して七十パーセントくらいは戻ったがまだ少々、不便なこともある。ごはんを食べているとたまに口からこぼれる。それを見て子供たちは笑っているが。

〝釣りで身体を壊すとは本望〟だと馬鹿親父は思っているが、家族にとっては迷惑でしかない。そんなところ、今年の夏はほのぼのとオイカワ釣りをした。ストイックな釣りもいいが、リラックスした釣りもいいものだ。

来年も夏空の下、家族でほのぼのと釣りがしたいもんだ。

親孝行

去年の冬、親父が亡くなった。

享年六十六。あと二十年は生きてくれるだろうと思っていた僕からしたら、早すぎる死であった。

死因は全身がん。お医者さんの診断によると、色々な箇所でがんが見つかったが肺が一番ひどいので、そこから転移したのだろうということだった。

「もう少し早く見つかっていれば。」

とお医者さんは言った。当たり前のことを当たり前に言うもんだと思ったが、そう言うしかないよなとも思った。

亡くなる半年前の親父は、ずいぶん元気そうだった。

お盆に僕が東京から山形の実家へ帰省すると、毎晩遅くまで酒を酌み交わした。つい先日の健康診断も異常なしだと言っていた。しかしそれから二か月後に、母親から連絡があった。

「お父さんにがんが見つかってな〜。近日中に抗がん剤治療を始めっからな〜。」

と言った。

僕は言葉を失った。母親を元気づけようと、なにかを言わなくてはと考えたが、なにも言えなかった。なにも言わない僕へ、母親は、

「心配すんな〜、山形で一番大きい病院で治療するごとになったがら〜。」

と言った。母親の声を聞いていると、なんとなく楽天的だったので、大丈夫かもなと思った。

「んだがい。わがった。」

と言って、僕は電話を切った。

そのことを嫁に言うと、すぐにうちの母親へ電話をした。なにも聞かない僕の代わりに、嫁が色々と聞いてくれたみたいだった。電話を切ると、嫁が涙を流していた。そして、

「今週末に山形へ行くよっ。」

と言った。僕は、

「いや、大丈夫そうだよ。母親も大丈夫だと言ってるし。」

と言った。しかし嫁は、

「ぜったいに行きます。」

と言った。

「俺だけでもいいんじゃない。」

と僕が言い終わる前に、

「いいや。家族全員で行きます。」

と嫁が言った。

嫁がここまではっきりと自分の意見を言ってくるのは、自身のつらい経験からくるものであった。それは嫁がまだ高校生の頃に、一番上の兄をがんでなくしているからである。

一番上のお兄さんは二十代前半という若さだった。闘病中のお兄さんはもちろん一番つらかったが、家族も相当につらかった。末っ子の嫁はお兄さんが大好きだった。面倒見がよくて優しくて。亡くなる直前は見ていられなかったと言う。だからまだ元気なうちに、親父にできるだけ会っておいたほうがいいと言っている。

親父の抗がん剤治療が始まる直前に、嫁と息子と娘を連れて山形の病院へ向かった。

道中、子供たちは山形に行けるとはしゃいでいる。

「遊びじゃないぞ、じぃじに会いに病院に行くだけだぞ。」

と言っても、車内は大騒ぎである。

病院のロビーに着くと母親が待っていた。子供たちは「おもちゃ買って。」とせがんでいる。

親父の状況を聞くと至って普通であるという。病室に入ると親父がベッドに寝ていた。

「親父、大丈夫が？」

と僕は聞いた。親父はすぐに目を開けて上半身を起こし、

「大丈夫ら。」

と言った。孫たちをベッドに上げて一緒に遊んでいる。見る分には大丈夫そうだが、たまに痛みがあるという。

親父が孫たちと遊んでいる間に、僕と嫁と母親で担当医に話を聞きに行った。治療方法は抗がん剤を一度試して、効果があれば何度か行いましょうということだった。

進行状況はステージⅢと言った。

初期かと思っていた僕はおどろいた。担当医は、

「ある程度の余命は分かりますが聞きますか。」

と言った。僕は、

「この前の健康診断は異常なしだったんですが。」

と言った。担当医は、

「肺がんは見つかりにくいのです。」

と言った。僕は母親に聞いた。

「親父は知ってるのか？」

母親は、

「お父さんも私も聞いてない。お父さんは聞かなくていいど言ってら。」

と言った。僕は担当医に、

「それなら聞きません。」

と言った。

嫁はぜったいに聞いたほうがいいよと言ったが、僕は親父に聞いてもいいか、確認してから聞くよ、と言った。

病室に戻ると嫁が子供たちを連れて外出した。病室には僕と親父と母親だけとなった。

親父のがんがけっこう進んでいると分かった僕は、平常心を保つので精一杯だった。

深刻にならないよう明るい声で、親父に聞いた。

「親父、ある程度なら余命が分かるらしいぞ。」

親父は鼻で笑い、

「そんなもの聞がなくていいぞ。」

と言った。僕も鼻で笑いながら、

「んだな。宣告よりも何年も生きる人もいるがらな。」

と言った。親父は、

「んだっ。」

とだけ言って笑っていた。

最初の抗がん剤の投与が終わり、数日は良かったと聞いた。

しかしそれから肺炎になってしまい、段々と悪化していると連絡がきた。

それを聞いたのが年末で、正月休みに入るとすぐに山形へ帰省した。

最初の抗がん剤投与から、約二か月が過ぎていた。二か月前とくらべると大分、痩せてきていた。抗がん剤が効果ありそうだったのに、肺炎になって体力がずいぶん弱くなってしまい、二回目の投与ができないと聞いた。

親父は話しかけても声が小さく、息が苦しいと言っていた。

僕はまだこの時も肺炎が治って、また抗がん剤治療さえできれば、状況は良くなると思っていた。担当医には、人工呼吸器が必要になるが家に連れて帰ってもいい、と言われていた。

「家に帰ってもいいってよ。親父どうする。」

と僕が聞いた。

「家は寒いから病院のほうがいいな。」

と親父が言った。

どうも母親に迷惑をかけたくなさそうな感じだった。僕は、

「かあちゃんに気をつかってるのが？」

と聞いた。親父は、

「んなわげ、ねえべ。」

と言った。

僕はこの時に親父を家に帰らせてあげたかった。

気持ちではまだ親父は大丈夫だと思っていたかったが、その姿を見ると、もうダメかもしれないと思っていた。


正月休みの最終日、今日には東京へ戻らなければならない。連休中に何度も病院を訪れた。話すのも苦しそうだったのでほとんど会話もしなかったが、帰り際に僕が、

「今日で東京へ帰るぞ。」

と言った。親父はうん、うんと頷くばかりだった。

「まだがんばってもらうげど、一応聞いておぐぞ。」

と僕が言った。親父はまた、うん、うんと頷いている。

「後悔してるごどはないいな。」

と僕が聞いた。親父は笑顔で頷いている。僕は、

「今後、大好きな酒もタバコもだめじゃ〜、後悔ないべ。」

と冗談で言った。

また親父は笑顔で頷いていたが、最後に小さな声で、

「まだ少しだけ仕事がしったいな〜。」

と言った。

僕はおどろいた。この期に及んで「まだ仕事がしたい。」なんて言うとは。趣味など何もない親父は、仕事が好きだったのだろうか。僕は、

「分がった。」

とだけ言って、東京へ戻っていった。


僕は帰省する車内で、親父の「仕事がしたい。」と言ったそのことを考えていた。

明日も生きるのに大変だから、仕事をしてお金を稼ぎたい、というわけでもなさそうだ。それならやはり仕事が好きで、身体を動かして働きたい、ということなのだろう。

僕なんかには考えられないことである。仕事をしなくていいなら、それにこしたことはない。毎日、酒呑んで、毎日、釣りして生きてみたいものである。

親父には特別な趣味がないから、そうなのだろうか。趣味がないというより、若い頃に趣味が持てなかった事情があったとも考えられる。親父はずいぶん貧しい家に生まれたみたいだった。

「昔はみな、そんなもんだった。」

と言っていたが、時代が違えど、今その頃の話を聞いても相当に貧乏だったんだな、と僕は思った。

親父は中卒で地元、山形の会社へ就職し、入社から数年間だけ研修で東京へ来た。集団就職のなごりみたいのが、まだ上野駅にあったらしい。親父みたいな田舎の少年が駅前にいっぱいいいて、ウロウロしていたと言っていた。そしてウロウロしていると怖そうなお兄さんにつかまり、カツアゲや無理な物売りをされたらしい。

田舎の少年にはとても刺激的な街だったと思うが、親父は遊びほうけずに真面目に仕事をして、実家に仕送りもしていたらしい。趣味も遊びもあふれる街で、親父は両親のためにコツコツと働いていたのだった。

僕は高卒で上京し、趣味も遊びもあふれる街で十年以上も就職せず、ふらふらとその日暮らしの生活を送った。

その中で、幼い頃からずっと好きだった釣りを思いだし、フライフィッシングに出会った。もう二十年以上も飽きることなく、現在も熱は冷めていない。

親父は僕のやりたいことにはなにも言わなかったし、反対もしなかった。息子に同じ思いをさせたくなかったのだろうか。そのおかげで、僕の人生はものすごく楽しいものとなっている。

正月が明け、一か月もたたずに親父は息を引き取った。

亡くなる前日の夜中に、母親から連絡があった。

「急に悪化した。あと生きていても一日か二日らしい。」

寝ている子供たちを起こして山形へ向かった。あと残り二百キロメートルのところで電話が鳴った。嫁が電話に出る。

母親からの電話に「うん。」「うん。」と頷きながら泣いている。

電話を切ると、

「お義父さん。亡くなった。」

と嫁が言った。僕は親父の死に目には会えなかった。


告別式で僕は喪主を任された。喪主は母親かと思っていたが、山形では長男が務めるものらしい。

喪主のあいさつで何を話すかなんて考えられなかった。心にぽっかりと穴が空いたままだ。親父が亡くなったのもまだ信じられないでいた。

僕は告別式では一番前の席に座っていた。あいさつをするまでは後ろを振り返らなかった。あいさつをするのでマイクの前に立ったとき、顔を上げておどろいた。

親戚の方々、親父の親友の方々、仕事関係の方々、地元の方々、僕の小中高の同級生まで、すごくたくさんの方々が参列してくださっていた。

僕はたくさんのなつかしい顔を見て、一気に涙があふれ出てきた。

親父が亡くなった悲しさよりも、こんなにも多くの方々に親父の最後に立ち会っていただいたことに、感謝していた。

ずっと泣いてばかりでなにを言ったのかも覚えてないが、最後に、

「あんなに無口な親父でしたが、こんなにもたくさんの方々に慕われていたことを僕は誇りに思います。本日は誠にありがとうございました。」

と言った。喪主のあいさつとは思えないあいさつをさせていただいた。

告別式が終わり、参列してくださった皆さんを出口で見送ろうと斎場の外へ出た。すると外まで人があふれていた。僕は皆さんに頭を下げた。皆さんが僕の肩をたたいて、

「がんばれよ。」

と言ってくださった。

僕は生前の親父を見ていて、無口で、仕事ばかりで、なにも趣味がない人生は楽しいのかなと思っていた。

休日でもタバコ吸って、酒呑んでばかりで、親父の生きがいとはなんだろうか、とも思っていた。

しかし告別式でたくさんの方々に見送っていただいた、その光景を見て、親父はしあわせだったんだろうなと思った。

普段は冗談しか言わない親父の友達は、人目をはばからず棺桶の前で泣き崩れていた。近所の親父さんは大きな声で、

「真柄、真柄、まだ早いぞ。起きろっ。」

と叫んでいた。

親戚はなにも言わず、親父の顔をずっと見ている。

僕はなんの楽しみもない人生を送っている親父だと思っていたが、皆さんに愛され、助け合い、泣き合い、笑い合いながら、しあわせな人生を送っていたのだろうと思った。後悔のない、いい人生だったと思ってほしいという、僕の願いでもある。

親のありがたみは亡くなってから気づくとはよく言ったものだ。

僕はなにも親孝行してあげられなかった。たまに帰省しても双方、無口な分、あまり話もしなかった。親父はいろいろと話をしたかったのだろうか。山形に帰って来いとか、言いたかったのだろうか。先の話はなにもしなかった。せめて、もう少しでも親父の気持ちを聞いてあげればよかった。それを言い出したらキリがないのは分かっているが。

ごくたまに、親父から電話が来ることもあった。無口な親父は、電話でも無口だった。

「元気にしったが。」

「しった。」

いつもそのあとが続かない。お互い無言になる。僕は親父の心配している気持ちも分からずに、忙しいとかなんとか口実をつけ、ろくに話もせずに電話を切っていた。

現在では僕に息子がいて、少なからず親父の気持ちも分かってきたつもりだ。心配な息子に電話をして、ろくに話もせずに切られたらどうだろうか。

僕はそれを思うと今でも心がキリキリと痛む。僕の人生で後悔はそれだけである。当たり前だが、その後悔は取り戻せない。


まだ今のところ母親は元気だ。

親父が亡くなってから連絡が増えた。僕は忙しくても話に付き合うようになった。そして帰省した際には、家のことを積極的に手伝うようにもなった。

親父がいないと、力仕事が大変だ。特に冬場の雪かきは重労働である。今年の冬は雪が少なくて楽だったようだが、来年の冬はどうだろうか。正月休みだけではなく、なるべく帰省して雪かきもしなければと思っている。近所の方々には、

「慎一、わざわざ雪かきに東京から来なくていいから。」

と言われている。

親父が皆さんと仲良くさせてもらっていたおかげだ。

しかしそれに甘えてばかりもいられない。僕から皆さんにも孝行し、母親にも孝行し、遅ればせながら親父にも親孝行ができるのではないかと思っている。

かっちゃんのお城

とある年の初夏。僕は北海道へ旅に出た。一週間の予定で本流、支流、湖と巡る予定だ。約十年ぶりの北海道だ。前回は半年間かけた日本縦断の旅で、最終地点が北海道だった。八月と九月の二か月間をこの地で車中泊しながら釣りして旅をした。

真夏の北海道ということで観光には最高であったが、釣りには難しい時期だった。支流はいいが湖と本流は水温が高くて、いまひとつという感じ。

その年は北海道でも珍しいくらい暑い日が続いていて、川で出会った釣り人には「ハズレ年に来ちゃったね〜。」なんて言われたりもした。皆さんが口を揃えて言ったのが「次に来るときは六月下旬か七月頭が一番いいよ。」と。いつかはその時期に行ってみたいと思っていた。

僕はサラリーマンである。まとまった連休はお盆と正月とゴールデンウイークだけだ。お盆と正月は実家に帰省するので、連日釣りができるのはゴールデンウイークしかない。毎年決まって僕一人で五泊か六泊の車中泊釣行を家族から許されている。

ところがその年は、ゴールデンウイークが仕事になってしまった。楽しみにしていた唯一の連休釣行が無くなって落胆していたが、七月初旬に一週間ぐらい仕事が空きそうだった。会社にゴールデンウイークの代休を取りなさいと言われた。千載一週のチャンスである。この機会を逃したら一生、北海道へ行けないかもしれない。その日の晩にカミさんに相談した。

「会社に一週間の休みをもらった。釣りしに北海道へ行きたい。」

その場に一瞬で緊張が走った。

少し間を置いてから、カミさんが話しだした。子供たちは学校通いだし、わたしは仕事だからいいんじゃない、と。しかし、旅費はどうするのか、と問われた。僕は、

「毎月のおこづかいを前借りしたい。」

と頼んだ。カミさんは、

「なにを言ってるの。」

と一言だけだった。

それから毎晩のようにカミさんを説得した。何日か忘れるくらいしつこく頼んだ。すると、やっとのことでカミさんが根負けしてくれた。金額はギリギリであるが、旅費を借りることができた。最後かもしれない北海道釣行である。こちらとしても必死だった。


東京から朝一番の飛行機へ搭乗し、北海道に到着したのはまだ昼前だった。そこからレンタカーで帯広方面へ向かった。車のウインドウを全開にして走ると少し肌寒いが気分は最高だ。真っ青の広々とした空はまさに北の空。信号待ちで車を停めるとカラッとした空気が草木の香りと共に風で運ばれてくる。当たり前だが北海道へ来たんだと実感する。

期待と興奮で足元がふわふわとしている。

いつもより慎重に安全運転をして帯広までのロングドライブを走りきった。まだ日が沈むには早い時間帯だった。

十年前の記憶を頼りに流れを見てまわった。十勝川本流は昨日までの雨で増水と濁り。支流はなんとか釣りができそうだった。十年前にライズがあった堰堤の流れ込みを覗くと、小さい魚がたまに水しぶきをあげている。

日が傾きかけた頃にウエットフライを結んで流れ込みの頭に陣取った。もう少し待てば大物が現れるかもと期待し、様子を見ることにする。

腰かけるのにちょうどいい岩があり、座ってみた。辺りを見渡すとあの時と全く同じ風景だった。寸分の狂いもない景色に僕はハッとした。十年前と同じ岩に座っていることが分かった。こんなこともあるもんだと思った。柄にもなく心がジーンと震えていた。

川の流れの心地いい音までも、あの頃と変わっていなかった。

暗くなるまで待とうと思ったがヒグマが怖い。たしかあの時もヒグマに怯え、明るいうちから小さなライズに手を出して、大物は現れなかった。今回も前回同様に明るいうちにやって、二十五センチくらいのレインボー（ニジマス）がふたつだけだった。小さくても丸々と太ったファイターでとてもきれいな魚だった。初日としてはよしとしよう。

次の日の朝。テントのジッパーを開けると朝日がちょうど顔を出すところだった。

本日、快晴。ぜったいにいい日になりそうだ。

食料の買い出しに、コンビニのセイコーマートへ向かった。今回の旅も貧乏旅行である。なんせ毎月のおこづかいの前借りまでして乗り込んでいるのだ。全日テント泊で宿泊費を切り詰め、食事はセイコーマートで購入して節約する。あの安くて、旨くて、大きいおにぎりで飢えをしのごうという考えだ。

セイコーマートは、貧乏旅のオアシスだ。一日分の食料と飲み物、寝る前のビールを買っても二千円いかない。いくらなんでも安すぎる。これでやっていけるのかと心配になってしまう。お前は自分の心配をしていろと言われそうだ。

朝食にパンひとつと、昼食用におにぎりふたつを手にしてレジに並んだ。

ひとりの青年が目に留まった。シャツとベースボールキャップが、ウェアメーカーのシムスだった。間違いなく釣り人だろう。すれ違いざまに青年は僕のキャップに目をやった。僕のキャップも釣り具メーカーのもので、釣り人だと気づいたはずだ。

僕は会計を済ませ、ご迷惑かなと思いつつも、駐車場で少し待たせてもらった。普段、東京にいて初対面の方に話しかけるなどほとんどない話だろう。北海道の開放感もあったと思う。相手の方が釣り人だと分かると声をかけたくなってしまった。

お店から出てきたところに「こんにちは。」とあいさつをしてみた。

青年は少し驚いた様子だったが「こんにちは。」と返してくれた。僕は、

「これから釣りですか。」

と聞いた。青年は、

「はい。まあ釣りです。」

と言った。

「今日は釣れそうですね。」

と僕が言うと青年は、

「そうですね。」

と言った。話が弾みそうになかった。そして青年は少し急いでいるようだった。

僕は最後に「ルアーですか？ フライですか？」と聞いた。青年は「ん〜と、どちらもです。」と言って車に乗り込んでしまった。僕は去り際に軽く会釈をした。青年も会釈をして走り去っていった。

悪い人ではなさそうだがタイミングが悪かったなと思うことにした。

僕も急いでポイントへ向かった。

天気が良くて水量も水温もばっちりだったが反応がない。下手なのは分かっているが何ひとつ

反応がないのだ。いくら北海道とはいえ、どこでも魚影が濃いわけではない。濃い場所、薄い場所がはっきりしていると思う。川へ降りられる道も意外と少なく、右往左往してしまう。

本当はガイドさんに案内してもらいたかったが、予算がない。この十年間で赤貧を脱出できなかった。脱出どころか今回の旅でカミさんに借金までしてしまった。貧乏旅も楽しいが、時間があればである。時間がないと心まで貧乏になってしまう。

昼まで反応がないので移動することにした。林道を走りながら森が開けたところで車を停めて川を眺める。こちらの川も状況は良さそうだ。上流に走りながら、開けた場所では必ず車を停めて確認する。下から上までどこでも良さそうだ。

路肩が広くなっているところに車を入れてエンジンを切った。ここから釣り上がろうとハッチバックを開けて準備に取りかかった。昼食のおにぎりを頬張りながら、ふと車の横にある大きな切株に目がいった。

切株の上にリールケースが置いてあった。見慣れたハーディーのリールケースだ。ケースだけだろうと思い、手に取ったが重かった。

僕は急にドキドキしてきた。半分かじったおにぎりを袋に戻し、手をシャツで拭った。ケースから察するに、現行のハーディーではなく少し前の物だと思った。確認のため、ケースを開けてみようかと思ったがやめた。

少しの間、待っていれば持ち主が現れるかもしれないと思い、切株に腰かけ、残りのおにぎりを平らげた。釣りの準備が終わり、三十分も待ってみたが現れない。車のダッシュボードにメモ用紙を置いた。（釣り道具を置き忘れた方、こちらまで連絡ください。０９０―××××―××××　保管しております。）と書いて。

後ろ髪をひかれる思いであったが川まで降りた。谷の上の方にある僕の車のほうをちらちら見ながら二、三投した。とても集中できない。リールの持ち主がこのポイントを釣ったあとの可能性も高い。もう釣りどころではないのだが、ちょっと上流に行ったり、ちょっと下流に行ったりして暇をもてあそんだ。

もう三時間くらい経っている。ここまでくるとリールを持ち主に必ず還すという使命感みたいなものまで生じてきた。釣りは終わりにして車に戻ると、すぐに辺りは真っ暗になった。さてどうしたものか。ここで一夜を過ごそうかと思ったが、ヒグマが怖いし晩飯も買っていない。だいぶお腹も空いてきた。

リールの持ち主には悪いが、明日の早朝にまたここに来ることにして、今日は諦めた。

次の日、夜明け前にポイントに着いてしまった。僕より先にリールの持ち主が到着して探していたらと思うと、早めに行動していた。あまりにも早く着きすぎたなと、仮眠することにした。

コン。コン。車のドアをノックする音で目が覚めた。すっかり日は昇り、遠くで鳥のさえずりが聴こえていた。重い瞼を少し開けると、人がこちらを覗いていた。僕はすぐにリールの持ち主だろうと分かった。ノックした人は律義に帽子を取り、深々と頭を下げて言った。

「すいません。眠っているところ。」

僕は、

「いえ、いえ、大丈夫ですよ。」

と言って車から降りた。疑うわけではないが相手の方からリールの話があるまで待っていた。

すると、

「昨日、なんですがこのあたりにリールを忘れてしまって。」

と言った。やはり、あのリールの持ち主だと確信したが一応、どんなリールか聞いてみた。

「フライリールでハーディーの○色のケースなんですが。」

と言った。確定である。あのリールの持ち主だ。僕は、

「そこの切株の上に置いてありましたよ。」

と言って、車からケースを持ってきて手渡した。持ち主は何度も頭を下げて、

「ありがとうございます。」

と言った。

「ここに車を停めてハッチバックを開けると、ちょうどいいところに切株がありますもんね。」

と僕が言った。

「そうなんですよ。道具をそこに置いちゃうんですよ。」

と持ち主が言った。ふたりで苦笑いをした。

持ち主はその後も何度となく頭を下げるので、僕は強引に、

「もう充分に感謝されましたよ。それでは。」

と言った。持ち主は、失礼ついでにもうひとつ聞いてもいいですか、と突然言ってきた。

「もし間違っていたら失礼なのですが、昨日の朝、セイコーマートにいませんでしたか。」

「はい。買い物してました。」

と僕は言った。その直後に思い出した。駐車場で出待ちして話しかけた青年だ。

あの時の青年は急いでいるようだったし、ずっと下を向いて恥ずかしがっているようだったので、顔をよく見られなかった。

「おぉ、あの時の方だったんですか。顔をよく見られなくて憶えてなかったです。ごめんなさい。」

と僕が言った。青年は「恥ずかしい話なんですが。」と言うと、あの時の話をしだした。

まず釣りに急いでいたのは事実で、突然、駐車場で話しかけられて驚いてしまった。

店内ですれ違ったときに僕のことも釣り人だと分かっていたみたいだが、その人が出待ちまでして話しかけてきたので、少し怖かったようだ。そしてなによりそっけなくなってしまったのは、自分がフライフィッシングの初心者だから、と言った。

なぜ初心者だと恥ずかしいのか僕には分からなかったが、自分も始めたばかりの頃を思い出してみた。経験者に専門用語で色々なことを話しかけられても、受け答えができなかったなと。僕はそこで恥ずかしいなんて思わなかったが、シャイな方はそうなんだなと思った。

青年はそのことについても何度も頭を下げた。そっけなかった青年は、実はただの恥ずかしがり屋で、純粋で素朴でいいやつだった。

名前を尋ねると〝勝彦〟と言った。年は僕より七つか八つも下だった。

馴れ馴れしく〝かっちゃん〟と呼ばせてもらった。かっちゃんは僕のことを〝まがらさん〟と呼んだが、よそよそしいのでせめて〝君〟にしてくれと頼んだ。でも恩があるとかで〝まがらくん〟とは呼べないと言った。

かっちゃんはその恩とかを返したいらしく、ポイントを案内させてほしいと言ってきた。ルアーは幼少期にさんざんやったらしく、このあたりの十勝川のポイントに詳しい。僕はこの二日間でまだ、いい魚を釣っていない。本心はガイドしてほしいのだが、申し訳ないよ、と何度か断った。

かっちゃんは、それでは、と提案してきた。

「僕にフライを教えてください。その代わりに真柄さんをポイントへ案内します。」と。僕はかっちゃんの親切に甘えることにした。

かっちゃんの車に僕の釣り道具を積み、一台でポイントに向かった。

道中、かっちゃんの元へ還ったリールを見せてもらう。なんと僕と同じ〈マーキス〉だった。しかしかっちゃんのは珍しい型の通称〈キャッスルラッチ〉だった。シルバーのリールの真ん中に黒で、お城のマークがついている。僕の憧れのリールだ。

かっちゃんにどれほど珍しくてカッコいいリールかを説明したが、ピンと来ていない。失礼ながらも、なんでかっちゃんがこのマーキスを持っているのか聞いてみた。

かっちゃんは〝親父の形見〟だと言った。

かっちゃんは子供の頃から、この辺りで親父さんとよく釣りをしていた。その頃は親子でルアー釣りをやっていた。しかし息子のかっちゃんは反抗期を迎えて釣りをやめてしまった。親父さんはかっちゃんが釣りをやめた頃に、フライに転向した。そしてルアーよりどっぷりとはまった。今になると、子供のかっちゃんに付き合ってルアーをやっていたんじゃないか、と思っている。

かっちゃんは高校を卒業すると地元を離れ、札幌の大きな会社に就職した。忙しく仕事をこなしていたが、忙しくなると決まって田舎を思いだした。そしていつかは生まれ育った土地に帰りたいな、と思うようになっていた。忘れかけていた釣りもやってみたいなと。

親父が亡くなる少し前に、結婚して子供が生まれた。孫の顔を見せられてよかったと、かっちゃんは言った。親父が亡くなったことで少しずつ生まれ育った地元を意識するようになった。子供のことも考えると、都会より田舎で育てるほうがいいのではと、思うようになっていた。奥さんも理解がある方で、かっちゃんの考えに反対はしなかった。そしてついこの間、会社を辞めて地元に家族と戻ってきたのだ。

実家で暮らすことになり、自分たちの引っ越しが終わり、荷ほどきが終わると親父の遺品整理を始めた。するとフライ道具がいくつも出てきて、そのなかのひとつに〈お城マーキス〉があった。

かっちゃんはすぐにでもフライフィッシングがしてみたくなった。ロッドやリールはあるので、ウェアと小物とウェーダーを揃えた。子供の頃の憧れだったブランド、シムスでウェア類を揃えた。僕がセイコーマートで出会ったときに着ていたシャツとキャップがそれである。

シムスの良さを僕が説明すると同意していたが、〈お城マーキス〉の良さは、説明しても納得してくれなかった。このシンプルなボディにお城マークがカッコいいでしょう、と言っても響いていない。ルアー出身のかっちゃんは、最新式の道具のほうが絶対にいいと思っている節があった。それはもちろんそうだが、古き良きものってのもあるのだ。

かっちゃんが案内してくれたポイントは、僕の知らない川だった。

昔はもっと良かったとかっちゃんは言う。特大は出なかったが、大物が一本と、中型が二本も出た。北海道らしいパーフェクトなレインボーだった。

かっちゃんはフライで釣るところを初めて見たらしく、興奮していた。特大ドライフライはかっちゃんにもよく見えていたので、魚が水面に出て食いつく瞬間の激しさに驚いていた。僕は何度もマーキスのドラグ音を響かせてやった。かっちゃんに、

「これがマーキスサウンド。ギャーギャーとうるさくていいでしょう。この音、ゾクゾクするわ。」

と言った。かっちゃんは、

「ルアーだとリールの音がしないですからね。たしかにゾクゾクします。」

と言った。

その晩はかっちゃん家にお世話になることになった。僕は断り続けたが何度も誘われた。どうしてもタイイングを教えてほしい、と頼まれた。さっそく特大ドライフライを巻いてみたいと。急に知らない人が来ても、奥さんはいやな顔ひとつせず優しく迎え入れてくれた。さすがかっちゃんの嫁だと思った。

子供は顔も性格もかっちゃんに似て、素朴で純真なかわいい男の子だった。最初は知らないおじさんが突然現れて驚いていたが、慣れてくると「遊んで、遊んで。」攻撃が始まった。

こんな温かい家族に迎え入れられ、僕は自分の家族を思い出していた。お酒もすすみ、ほろ酔いでカミさんに電話をしてみた。寝ていそうな時間だったが出てくれた。

「安全に旅してます。今晩はね、かっちゃん家にお世話になってます。」

と僕が言った。するとカミさんは、どちら様にお世話になってるの、迷惑だけはかけないように、と言った。後日お礼を送りたいから住所を聞いておいて、とも。

ダンナの酔っぱらいの電話に呆れているようだったが、最後に、

「旅費が厳しそうだったから振り込んでおいたよ。足りなそうになったら使ってね。」

と言った。カミさんは心配してお金の工面をしてくれたみたいだった。

かっちゃんの家族も温かいがうちの家族も温かい。

次の日も、また次の日も、そのまた次の日もかっちゃんと釣りをした。すべての日で信じられないくらい、いい釣りをした。かっちゃんは前の会社の有給消化で一か月間も休みをもらっている。次の仕事もゆっくり決めたいとのことだった。

この四日間で、僕は少しのタイイングと少しのキャスティングを教えたばかりで、全日、食事からお酒からお風呂から寝床までお世話になってしまった。かっちゃんも奥さんも酒が強く、毎晩遅くまで盛り上がった。最終日に奥さんは、

「また必ず来てくださいね。」

と言ってくださった。

なにか欲しいおもちゃがあるかと、子供に僕が聞いた。東京に戻ったらお礼にそのおもちゃを送ると約束した。かっちゃんは、

「また釣りに行きましょう。それまでにもっと上手くなって、真柄さんに迷惑かけないようにしますから。」

と言った。僕は年甲斐もなく涙があふれそうだった。そのことを気づかれないように、そそくさとかっちゃん家を後にした。


東京に戻り、旅の荷物をほどいた。リールケースを開けると、お城マークのマーキスが入っていた。かっちゃんが僕の知らない間に中身のリールを交換していた。

僕はすぐにかっちゃんに電話した。

「親父の形見だぞ。」

と言った。かっちゃんは、

「いいんです。僕の大事な人に大切に使ってもらいたいんです。」

と言った。僕はだまっていた。するとかっちゃんは、

「僕はボロボロのリールより新しいリールがいいんです。」

僕に気をつかわせないように言った。僕は、

「かっちゃん。俺のマーキスは塗装やギアやドラグなんかが特注なんだ。世界に一台しかないカスタムリールなんだぞ。」

と言った。そんなマーキスリールはあるはずがないのに、かっちゃんは信じてしまった。

「すいません。すいません。」

と電話口で謝る。

「真柄さんが、いいな、いいな、というものだから、こっちのほうが欲しいのかと思って。」

何度も頭を下げるかっちゃんが思い浮かんだ。

ついこの前のことだがなんでか懐かしい。

「かっちゃん。ウソだよ。冗談です。」

と僕が言うと、

「本当かと思いましたよ。勘弁してください。」

とかっちゃんは言って、ふたりで大笑いした。

かっちゃんのお城のリールが僕の宝物になった。

だから釣りに行く

日曜日の朝。息子と娘の騒がしい声で目が覚める。時計を見るとまだ七時前である。休日くらいはもう少しだけ眠らせてほしいが、子供たちに曜日は関係ない。

カミさんが朝からうるさいと子供たちをしかりつける。一瞬、静まり返り、僕はウトウトと二度寝につくのだが、しばらくするとまたわいわいと騒ぎだす。カミさんはさらに大きな声でしかりつける。

この流れで行くと、次は僕が早く起きろとしかられる番だ。そそくさと寝床から出る。

釣りに行かない休日は、子供たちと遊ぶのが役目だった。公園に行ったりレジャー施設に行ったり、夏には川遊びに行く。

兄と妹は、二つ歳が離れている。体力的な差があるので一緒に遊ぶにも工夫が必要だ。公園で遊具で遊んでいる分にはいいが、サッカーや野球になると勝負にならなくなってしまう。

その点、川遊びに行ってオイカワ釣りをするとすごくいい。釣りに体力の差は関係ないからだ。

釣り場には一本のフライロッドだけ持って行って、順番に握らせる。妹が連発で釣ろうものなら、兄はすぐにロッドを取り上げようと騒ぎだす。

釣りで勝負をつけようなんて僕としてはあまり感心しないが、子供たちにとっては遊びの中にも勝負の世界があるのだろう。いつもは妹を打ち負かしている兄がコテンパンにやられる様子を端から見ているのもおもしろい。帰りの車内では、

「来週も連れて来てね。今度は絶対負けないから。」

と兄が息巻く。僕と妹は顔を見合わせクスクスと笑う。すると兄は下を向きながら肩を上下に揺らし涙をこらえている。黙ってればいいのに妹が、

「泣くことないじゃん。」

と日ごろの仕返しとばかりに言う。兄は、

「笑うなっ。」

と叫んで、我慢していた涙があふれだす。その様子を見ていて僕としては負けず嫌いっぷりを違う方向に発揮してほしいなと思っていた。勉強でもいいし、スポーツでもいい。

そんなことを思っていた頃、カミさんがたまたま観戦チケットをいただき、子供たちを連れてプロ野球の試合を見に行った。僕は仕事で行けなかったが、帰宅すると兄は興奮している様子だ。

「おれ、野球がやりたい。」

と兄が言いだした。今日は興奮して言っているだけで、明日には忘れてしまうだろうと思っていた。しかし僕の予想に反して、次の日も次の日も、野球がやりたいと兄は言った。

子供たちが寝静まると、カミさんが、

「野球やらせてみようか。」

と言った。僕は、

「すぐ飽きるんじゃない。続けばいいけどね。」

と言った。

それから四年間、兄は野球チームに在籍し真面目に取り組んでいる。試合で打てなかった日には、帰ってきてから家の前でずっと素振りをしているくらいだ。小学四年生にもなると、ほとんどの土日は練習か試合となり遠征や合宿もある。

本来ならば父親が付き添って応援するものだと思うが、我が家の場合は母親が応援団長である。「わたしが野球をやらせたかったから、わたしが付き添いします。」と言ってくれた。

妹も兄の野球について行くのを楽しみにしていた。我が家と同じように兄の野球についてくる同じ歳くらいの女の子がいる。父親と遊ぶより友達と遊んだほうが楽しいのだろう。

親父はますます釣りに行ったり、キャスティング練習に行けるようになったが、少しだけ寂しかったりもする。

釣りに行って、ランチでお店に入り、家族連れを見ると思いだす。キャスティング練習に行っても、河原でバーベキューを楽しむ家族を見たりして思いだす。兄妹は今ごろ、なにをやってるかなと。子供たちには申し訳ないが、以前は釣りに集中しすぎて、そんなことは思いもしなかった。

子供たちが小さかった頃は毎週、遊んで遊んでだったのに、近頃はあまり言わなくなった。

僕は釣りに行きたくて行きたくてしかたがなかったのに、わりと自由に行けるようになって気がついた。子供と遊べる時間は意外に少ないんだなと。

ダメ親父は今ごろになって後悔している。


子供たちの夏休み。兄は野球漬けだったが、猛暑日だけはさすがに練習も休みになった。

ダメ親父の名誉挽回を目論んだ僕は、

「夕方、涼しくなったらオイカワ釣りに行こうか。」

と子供たちを誘った。兄は、

「ん～やめとく。」

と言った。妹は、

「わたしも。」

と言った。

僕はとてもショックを受けた。この前まではオイカワ釣りをあんなに楽しそうにやっていた。断られるはずがないと思っていた。かなり動揺していたが平静を装い、もう一度だけ誘ってみた。

「この時期はオイカワいっぱい釣れるよ。」

と。兄妹は黙ってテレビゲームをしている。見かねたカミさんが言った。

「たまにはお父さんと遊んできなよ。」

妹が、

「え〜。」

と言って、兄は、

「も〜わかったよ〜。」

と言った。

僕は子供たちの態度に腹が立っていた。

行きたくもない釣りに、こちらとしても連れて行くわけには行かない。

「釣りはやめだ。しょうがなく行く釣りなんか、おもしろくないぞ。」

と僕が強い口調で言った。子供たちはテレビゲームをやめ、急にひそひそ話をはじめた。

小声だったがたまに声が聞こえて、「お兄ちゃんが謝んなよ。」とか「お前が先に謝れよ。」とか「釣りに行こうって言えよ。」とか。笑いそうになったが、怒っているフリを続けた。すると兄が、

「ごめんなさい。やっぱり行きたくなったから釣りに行こう。」

と言った。明らかに困った顔をしている子供たちを見て、僕も大人げなかったなと反省した。

僕は自分の趣味を押しつける気など全くない。ましてや釣りとなると、本気になってもらわないと教える気もない。

「今日は釣りはやめて、二人が行きたいところに行こう。」

と僕が言った。兄は僕の様子をうかがいながら、

「本当はバッティングセンターに行きたい。」

と言った。妹は併設する卓球場で、

「卓球がやりたい。」

と言った。

小さかった頃は、僕がどこそこに行こうと言うと喜んでついてきたものだが、今は自分の意思で行きたいところがあるのだ。いつまでも僕の分身だと思っていた子供たちは、ひとりの人間として成長したのだろう。僕は兄妹の頭を撫でて、

「よし。少し遠いけど自転車で行こう。」

と言って、家を出発した。


子供たちについて行くのに、僕は必死だった。久しぶりに三人で自転車に乗って走った。子供たちは力強くペダルをこいでいる。兄妹の身体的成長を感じた瞬間だった。

小さかった頃は上り坂になるとペダルをこげなかったのに、今では僕だけが自転車から降りて、押して上っている。坂の上では、

「はやくっ。」

と子供たちが呼んでいる。

坂の上に着いて、ハアハアと息が切れている親父を見て子供たちは笑っている。

「少し休憩させて。」

と僕が言ったが、

「ダメっ。はやく行こうっ。」

と言って兄妹は走り出してしまった。

体力では子供たちに負けたが、頭と経験は負けていない。近道をして先回りし、今度は僕が子供たちを待ちかまえてやった。兄妹はびっくりしていたがすぐに近道したのに気づいて、

「ズルした。」

「ひきょうだ。」

と非難してきた。ずいぶんと口もたつようになった。


子供たちの成長はうれしいが、あまりにも早すぎて僕が追いつけていない。子育てはカミさんにまかせっきりで、成長の過程を見過ごしてしまったのではないかと思ってしまう。

少し前の兄妹の顔や、体の形や声などが思いだせない。前の写真や動画などを見てやっと思いだすくらいだ。なんだか父親らしいことは、なにもしてあげられなかったなと思う。

唯一、父親らしいことをしたかなと思い返せば、悪い話になるが、兄が同級生を小突いたり、押し飛ばしたり、いたずらした時に、相手方の家にお詫びに伺ったことか。それが一度ではなく、いく度もあった。あたりまえだが子のことは親の責任である。

「今後、このようなことがないよう指導していきます。誠に申し訳ございませんでした。」

と僕とカミさんとで深々と頭を下げる。相手方のご両親は皆さん、

「もう充分ですよ。」

とやさしく言ってくださった。中には、

「子供のケンカに口を出してしまい、こちらこそすいませんでした。これからは子供たち仲良くさせてください。」

とおっしゃったご両親もおられた。

帰宅し、子供たちが寝静まるとカミさんが涙した。相手方を傷つけてしまったと。それなのにご両親には温かい言葉をかけていただいたと。母親として育て方がまちがっていたと。

僕は情けないが何もかけられる言葉がなかった。子育てにほんの少ししか参加していない僕が、声をかけられるはずもなかった。カミさんの話を聞いて（うん、うん。）と頷くばかりであった。

普段のカミさんは、楽しそうに子育てしているように見える。しかし悩みは尽きないのだろう。たまには疲れた様子の顔を見せることもある。

それなのに、仕事で遅く帰った僕に気をつかって明るく振る舞ったり、ハイシーズンは月に二回か三回ほど釣りに行く親父を、気持ちよく送りだしたりしてくれる。日曜日くらいは母親を休みたいだろうが僕は甘えっぱなしである。

「気にせず、楽しんできて。」

と言ってくれる。僕は調子に乗って半分冗談、半分本気で、

「それでは、釣りに行くのにガソリン代を貸して。」

と言ってみる。するとカミさんは、

「冗談だよね。」

と言って鬼の形相になる。

あわよくばという思いは、大体が悪いほうに転がる。

一度だけ、酔っぱらった勢いでカミさんに言ったことがある。

「理想のいい父親とは、楽しい人生を歩んでいる父親じゃないか。父親が楽しそうじゃないと、子供たちも楽しく生きていけないだろう。」

と。カミさんはキョトンとしている。僕は続けざまに、

「だから釣りに行く。」

と堂々と言った。

するとカミさんは、

「はい？　本気で言ってるの？　子供たちのために一緒に遊んで、子供たちが楽しく過ごせたら親も幸せなんじゃないの？」

と言った。たまに冗談が通じないときがある。そしてぐうの音も出ないことを残酷に言う。

それっきり、その話は二度としていない。


兄妹とカミさんに、理想の父親像を聞いてみたい気もするが少々こわい。僕とはあまりにもかけ離れている気がする。でも信じてもらえないかもしれないが、家族のことは大事に思っている。

父親らしいことをなにもしていないのに、こんな場所で家族への想いを書いてしまった。

あと五年もしたら、兄は高校生で妹は中学生だ。

「ズルした。」

「ひきょうだ。」

自転車で近道して先回りしたあの日のように、兄妹に言われそうな気もする。

解説

荻原魚雷

十年前、デビュー作『朝日のあたる川　赤貧にっぽん釣りの旅二万三千キロ』をたまたま書店で手にとった。冒頭の数頁で完全にまいった。

山形の高校を卒業後、ミュージシャンを目指して上京、そして挫折——。

「熱くなるものが無くなった僕は、ふと釣りがやってみたくなった」（『朝日のあたる川』より）

それから釣り道具をすこしずつ揃え、郷里に帰省し、地元の川を訪れる。自分がほんとうにやりたいことは何なのか。それがフライフィッシングだった。

『黄色いやづ』の初出は書き下ろしの一篇以外、『フライの雑誌』である。「現代のニック・アダムス物語」というほど、その文才（と人柄）に惚れ込んだ編集発行人が根気よく依頼し続け、真柄さんは自分が書ける最高の物語を生み出した。ニック・アダムスはアーネスト・ヘミングウェイの短篇連作の主人公の名前。ニックが子供から青年、そして父親になるまでの話を十年以上にわたって書き継いでいる。

ヘミングウェイは「自分が今までに書かなかったし、失くしもしなかったことで、一番よく知っていることは何だろう?」と自問し、ニックの物語「心が二つある大きな川(Big Two-Hearted River)」を書き上げた(ヘミングウェイ『移動祝祭日』福田陸太郎訳より)。

『朝日のあたる川』の朴訥としたユーモアは本書でも健在だ。なかなか書かないけど、書けばすべて傑作になる。そのとんでもない才筆をすこしでも多くの人に知ってほしい。打ちのめされてほしい。

表題の「黄色いやづ」は日本縦断の旅で東北の川をまわったときの話。平日の日中に釣りをしに来た真柄さんと遊漁券販売所の人との東北弁の会話が微笑ましい。魚を釣る釣らないだけでなく、釣り場での立ち振る舞い、時間の過ごし方も面白い。

「たらし釣り」は小学生のころ釣りを教えてくれた友人のTの思い出。運動オンチのTはサッカーの誘いを断り、怒ったリーダー格の少年に仲間外れにされる。帰り道がいっしょだった真柄少年は泣きながらとぼとぼ歩くTに声をかける。Tはサッカーではなく、釣りがしたいと打ち明ける。Tをサッカーに呼び戻すつもりだった真柄少年は彼の釣りが見たくなる。Tから釣り場を聞き出し、そこに向かう。

「何をするのにもトロいTだが、この時ばかりは早かった。今になって思えば、釣りが上手な方は現場到着も準備も人一倍、早いのだ」

歌舞伎町のスーパーマーケットで働いていたころを回想した「一生懸命」では、バイト先を決めた理由を「フライフィッシングをやるため」と綴る。バイト代で釣具を買い、毎週のように釣りに通う。早朝の公園でキャスティングの練習をする。職場の仲間に「なんのためにそこまでやるんだ」といわれる。冷静に考えれば、釣りがうまくなったからといって、だからどうしたという話である。貴重な時間となけなしの金を注ぎ込み、一生を竿……じゃなくて棒にふるくらい何かひとつのことにのめりこむ。そこまでやらないと見えてこないものがある。釣りにかぎらず、あらゆる趣味は生きる糧になり、心の支えになる。何にもハマったことのない人にはそれがわからない。

フリーター時代は電車に乗って川に行った。東京から神奈川を通り山梨へ。電車の窓から川を見て、どの駅で降りるか決める。移動中もずっと釣りのことを考えている。

「あの頃の電車通い」に川べりで釣りの準備をしていた真柄さんが高校生の集団に声をかけられる場面がある。そのほのぼのとしたやりとりはぜひ本文で味わってください。

「幼なじみ」は、ミュージシャンをやめ、フライフィッシングを始めたころのことをこんなふうにふりかえっている。

「久しぶりに夢中になれるものを見つけ、だらだらとした生活が少しずつ変わっていった。アルバイトも頑張るようになり、お金を貯めてロッドとリール、ウェーダーと揃えていった」

子供のころからの遊び仲間はそれぞれ家業の旅館と建設会社で働くようになり、真柄さんだけが郷里を離れ、ふらふらしている。歳月を経て、変わったもの、変わらないもの——趣味でつながる三人の友情の行方は？

二十代は釣り三昧の日々を送っていた真柄さんだが、三十歳を前に就職し、結婚し、子供が生まれる。仕事に追われ、釣りにもおもうように行けなくなる。

「コート掛け」の「俺はなんのために働いているのだろう。」というぼやきは、『朝日のあたる川』のころの自由奔放な彼を知っているとより感慨深い。

真柄さんは感情の記憶がとても豊かだ。だから読んでいると過ぎ去ってしまった少年時代のことや人生の節目節目のあれやこれやをしみじみと思い出す。

わたしは『フライの雑誌』で近況を知る。今、建設工事の現場監督をしているのか。頑張ってるなあ。またカミさんに怒られてる。いつの間にか二児の父親になっている。大変だなあ。釣りに没頭しすぎて身体を壊したって？　大丈夫かなあ。

「クルクルかして〜」では息子が小さな手でリールを回している。その姿を見て、真柄さんは何をおもったか。

真柄さんの人生讃歌はまだまだ続く。今のところ、十年に一冊ペース。もっと書いてほしい気持とこのままのんびり書いてほしい気持が半々。ヘミングウェイも「心からやりたいと思わないなら、やめておけ」といってますからね。気長に待ちます、次作も。

初出

いずれも掲載時の原稿に加筆

開げでみろ	『フライの雑誌』第94号（２０１１年９月）
たらし釣り	『フライの雑誌』第99号（２０１３年２月）
黄色いやづ	『フライの雑誌』第93号（２０１１年６月）
一生懸命	『フライの雑誌』第101号（２０１４年３月）
あの頃の電車通い	『フライの雑誌』第103号（２０１４年11月）
そんなたいそうな	『フライの雑誌』第102号（２０１４年７月）
大人になりたい	『フライの雑誌』第95号（２０１１年12月）
頑固者	『フライの雑誌』第96号（２０１２年４月）
クルクルかして〜	『フライの雑誌』第97号（２０１２年７月）
やったー、やったー	『フライの雑誌』第98号（２０１２年11月）
幼なじみ	『フライの雑誌』第100号（２０１３年８月）
コート掛け	『フライの雑誌』第105号（２０１５年５月）
この夏のオイカワ釣り	『フライの雑誌』第113号（２０１７年11月）
親孝行	『フライの雑誌』第120号（２０２０年７月）
かっちゃんのお城	『フライの雑誌』第121号（２０２０年12月）
だから釣りに行く	書き下ろし
解説	荻原魚雷

真柄慎一（まがらしんいち）

1977年生まれ。山形県最上町出身。著書に釣りをしながら日本列島を縦断した旅の記録、『朝日のあたる川　赤貧にっぽん釣りの旅二万三千キロ』（フライの雑誌社刊）。東京都在住。

黄色いやづ　真柄慎一短編集

2021年3月15日発行

著者　真柄慎一
装画　いましろたかし
解説　荻原魚雷
編集発行人　堀内正徳
発行所　（有）フライの雑誌社
郵便番号 191-0055　東京都日野市西平山 2-14-75
Tel.042-843-0667　Fax.042-843-0668
https://furainozasshi.com/
印刷　（株）東京印書館
Published & Distributed by FURAI NO ZASSHI Tokyo,Japan 2021